ちょっと幸せ

私だけ？の“小さなハッピー”探し
～たべもの編 改訂版～

ちょっと幸せ探し委員会

大空ポケット文庫

はじめに

ご飯を食べたり、おやつを食べているときに、「ちょっと幸せ」に出会うことがある。

お茶を飲もうとしたら茶柱が立っていた、ひやむぎにピンクや緑の色つきが入っていた、卵を割ったら黄身が二つ出てきた、ヱビスビールを頼んだらラベルにタイが二匹描いてあった、チョコボールで金のエンゼルが出た、サッポロポテトをつまんだら普通より太かった……。

思いがけないラッキーだったり、めったに出会わないレアものだったり、なぜかわからないがなんとなくうれしかったり、さまざまなハッピーが食卓やお菓子の箱のなかに存在している。

本書は、そんな日常生活のなかで出会える「ちょっと幸せ」な〝たべもの〟を集めてみた。「見た目でハッピー」は外見で明らかに違いがわかる幸せアイテム、「開けてハッピー」はパッケージを見ただけではわからないが中身にレアものが混ざっているもの、「おやくそくハッピー」は昔ながらの定番どおりの幸せ、「探してハッピー」はレアものなどを探し当てたときの喜び、「なんとなくハッピー」は誰もが喜ぶものでもないかもしれないが、どこか幸せを感じるもの――。

発見できたら人生が少しだけハッピーになる「ちょっと幸せ」を一挙紹介！

目次

♡おやくそくハッピー

♡探してハッピー

♡なんとなくハッピー

凡例

1 本書には、たべものにまつわる〝ちょっと幸せを感じる瞬間〟を八五点掲載した。〝ちょっと幸せを感じる瞬間〟というのは、年代や地域、家庭環境などによって個人差が大きく現れるものであるが、なるべく多くの人が共感を持てると思われるものを選んだ。

2 本書では、幸せの事象によって以下の五つに大別した。

〔見た目でハッピー〕出会える確率が低い(レア)ものというわけではないが、色違いや見た目のインパクトなど外見で幸せを感じるたべもの。

〔開けてハッピー〕パッケージなど外見からはわからないが、なかにレアものが混ざっている可能性があるたべもの。

〔おやくそくハッピー〕十分予測ができ、期待どおりでも、実際に入っていると幸せを感じるたべもの。

〔探してハッピー〕パッケージなどを気をつけて見ることで、レアものを探し当てることができるたべもの。

〔なんとなくハッピー〕なぜだか幸せを感じてしまうたべもの。

3 価格は、原則としてすべて税別で表示した。メーカーが税別小売価格を設定している場合はその金額を、メーカーの方針により一定の価格表示ができないものについては「オープン価格」などと表示した。

4 商品によってはレアものやパッケージなどの変更、または発売中止の可能性もあるので、本書が取り上げる二〇一九年八月現在の情報であることをあらかじめご理解いただきたい。

♡見た目でハッピー

色つきのひやむぎ

夏休みのお昼はそうめんかひやむぎが多かった。子どものころはザルにのっているのがそうめん、ガラスの器に氷水とともに入っているのがひやむぎだと思っていた僕。氷水のなかで二〜三本漂っているピンクや緑の色つきひやむぎが大好きだったから、母親に「どっちがいい？」と聞かれると、いつも「ひやむぎ！」。色つきひやむぎをまっ先に取って自分のちょこに入れ、おつゆのなかで泳がせるのが夏のお昼のささやかな幸せだった。

家族の昼食ならまっ先に色つきに箸を伸ばすのは姉と僕だけ。姉はピンクのひやむぎを、僕は緑のやつを取るから、争いもなく平穏無事に食事が進む。しかし、親戚の家に遊びにいって、いとこたちと一緒に食卓に並んだりしたらもう大変。総勢六人の子どもの間で壮絶な色つきひやむぎ争奪戦が繰り広げられる。結局、争奪戦に敗れて泣いている子のために、おばさんがもう一束ゆでるはめになる。競争相手はいないいまでも、ひやむぎを食べるときはついついまっ先に色つきに箸を伸ばしてしまう。

♥以前は、ＪＡＳ規格で直径1.3mm未満がそうめん、1.3mm以上〜1.7mm未満がひやむぎと決められていて、二つの違いがわかりにくいために、ひやむぎに色つきが入るようになったとか。現在は、1.7mm未満なら、手延べひやむぎと手延べそうめんのどちらの表記もできる

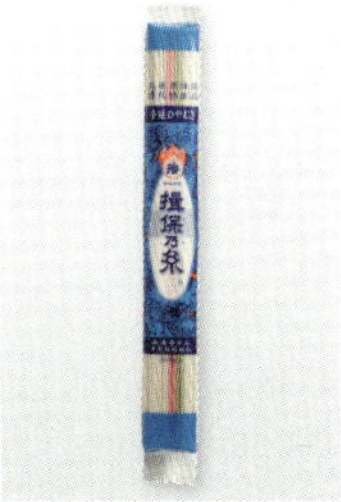

手延ひやむぎ揖保乃糸200g
価格：220円（税別）
問合せ：非公開

崎陽軒のシウマイの醤油入れ

「♪おいしいシューマーイ、き〜よ〜けん〜」とCMで歌われたように、崎陽軒のシュウマイ（正式にはシウマイ）はおいしい。おいしいだけでなく、楽しい。磁器の醤油《しょうゆ》入れに描かれたレトロな「ひょうちゃん」の表情や姿、そしてバーバパパのようなもったりとしたスタイルが、ほのぼのとした温かさを感じさせてくれるのだ。だからなんとなく捨てられずに家にたくさん残ってしまう。

コマを回していたり、テニスをしたり、釣りをしたり、うちわを持ったり、……動作だけでなく、表情や髪形などもそれぞれ違っているのが面白い。醤油入れには「昔ながらのシウマイ30個入」や「特製シウマイ12個入」などに入っている大サイズと、「昔ながらのシウマイ15個入」や「特製シウマイ6個入」などに入っている小サイズがあり、それぞれに四八種類の絵柄が描かれているのだ。なかでも、提灯《ちょうちん》だか宝石だかよくわからない光るものを持ってちょっと困った顔をしている、といった得体《えたい》の知れないやつもいたりして、こうした難解ものに当たるとそれはそれで結構うれしい。

1955年、フクちゃんでおなじみの漫画家、横山隆一氏によって「ひょうちゃん」は誕生した。その後、イラストレーター原田治氏のちょっと現代風デザインに変わったが、2003年に再び「横山ひょうちゃん」に戻った。ただ、栓がゴム製でなく、昔のようにコルク製だともっとうれしいんだけど

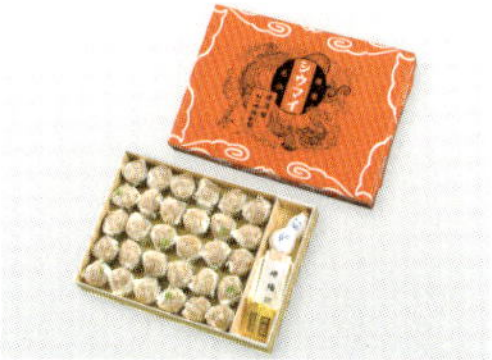

昔ながらのシウマイ(30個入)
価格：1139円(税別)
問合せ：株式会社崎陽軒
TEL：0120-882-380

丸美屋の「ふりかけ3色パック」

食卓に必ずふりかけがあったのは僕の家だけではないはず。それも丸美屋の「ふりかけ3色パック」。のりたま、たらこ、ごましおの三つの味が一つの容器に入っているすぐれものだが、僕はのりたまが好きで、いつもおかずを食べつくした後の二膳目、三膳目はこれをたっぷりかけて食べていた。ご飯に混ぜておにぎりにしてもらうのも好きだった。ノリと卵という、ご飯のおかずの定番を凝縮したふりかけの王道中の王道、白いご飯に鮮やかに映える黄色と黒は、思い浮かべただけでも食欲が出る。

ちなみに、姉はたらこが好きだったので、たらこばかり振りかける。すると、のりたまとたらこはすぐになくなり、ごましおだけが残ってしまう。ご飯にかけようと思って容器を振ってみたらごましおしかなかった、なんてときはガッカリ。中身がたっぷり入った新しいのりたまが食卓に置かれると妙にうれしかった。しかし、残ったごましおはどうしたのだろう。もしかしたら、僕たちは親にごましおご飯ばかり食べさせてしまっていたのかもしれない……。

♥「三つの味を一つの容器に集める」というアイデアは、もともと一般の方の発案だったという。このアイデアをテレビで見た同社が、発案者に同意を得て商品化したのが1968年。発売以来、何度もリニューアルされているが、「のりたま」「たらこ」「ごましお」の組み合わせは不動！

丸美屋ふりかけ３色パック
価格：245円（税別）
問合せ：丸美屋食品工業株式会社
TEL：03-3334-9075

ピンクのマシュマロ

小学生のころ、スヌーピーのマンガを読んでいたら、チャーリー・ブラウンたちが「マシュマロを木の枝に刺して焼く」というシーンがあってビックリした。マシュマロを焼く!? マシュマロ自体、あまり食べたことがなかった僕は、アメリカはすごい国だ、と妙に感心した覚えがある。

当時の僕にとってマシュマロは、実に不思議なお菓子だった。とらえどころのないフニャフニャとした食感も、上品なのにちょっと妖艶な甘さも、別世界の食べ物のようで、まるで女子の手にそっと触れるような……。特にピンクのマシュマロは僕にとって特別な存在。まっ白なマシュマロに混ざって、奥ゆかしく隠れているほんのり色づいたピンクのそれは、とっておきの宝物のような気がした。それを見つけると、そっとつまんで大切に食べたものだった。大人になってマシュマロを食べることは少なくなったが、それでもやはり、ピンクのマシュマロを見るとなんとなくうれしいような、照れくさいような気分になる。

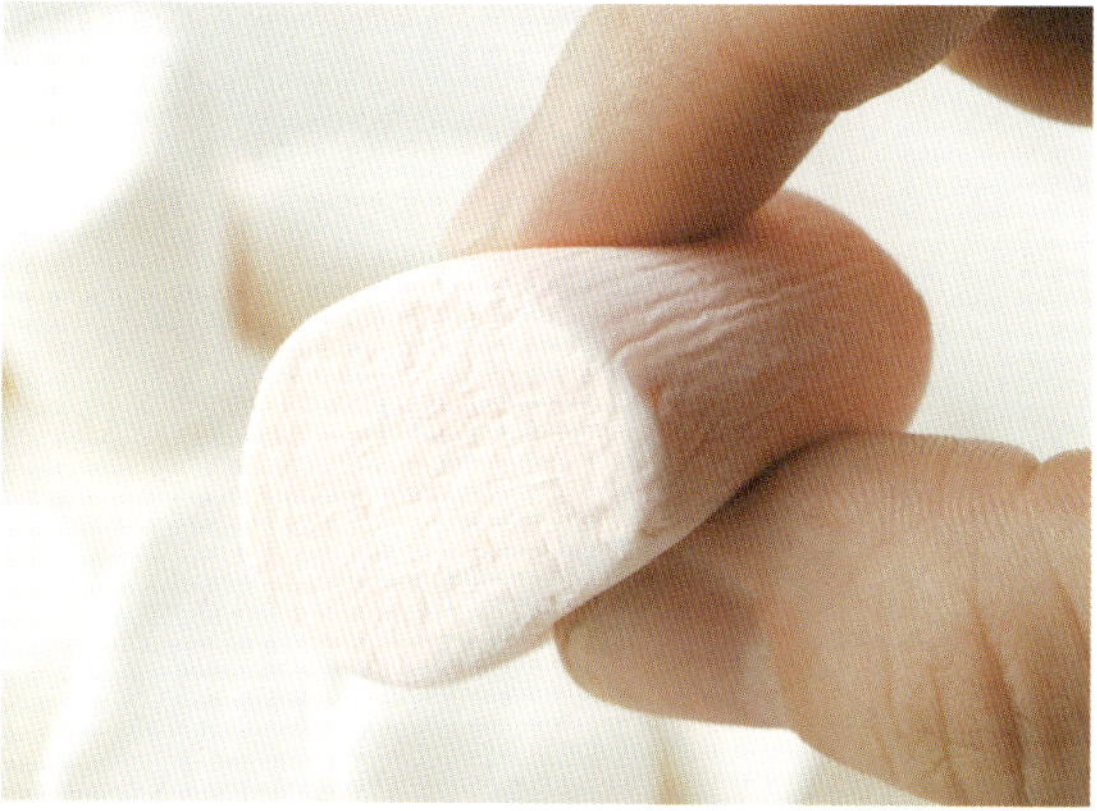

♥かつて「ホワイトデー」には女の子にマシュマロを贈ったものだ。そもそも1977年に福岡の和菓子屋さんが考案した“マシュマロデー”がもとで、白いマシュマロを贈ったことから「ホワイトデー」と呼ばれるようになったらしい。ピンクのマシュマロを混ぜちゃダメなのかな？

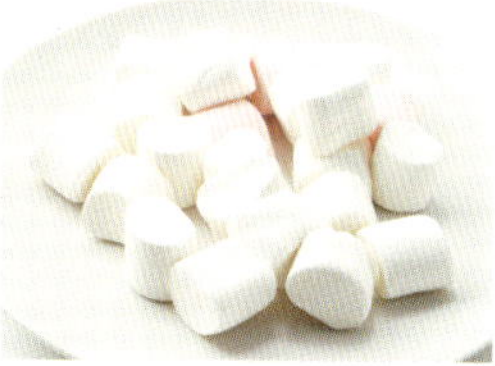

最近はコラーゲンが豊富なことやカサの割に低カロリーなことから、美容&ダイエット食品として女性に人気

「小梅」の大玉

半世紀以上前だけど、「♪お〜きいことはい〜ことだ〜」と山本直純が森永エールチョコレートを宣伝しているのをテレビで見て育った。小学校の運動会で、フィナーレの大玉送りで白組を大逆転した。だから僕は、いまでも「大きいもの」や「大玉」が好きだ。高度成長時代に育った子どもたちは大きいものに憧れる。

例えば「小梅」には一袋に二個、通常の三倍くらいの大玉が入っている。これはかなりうれしい。遠足のおやつによく持っていって、「小梅一個とチョコベビー一振り」などという物々交換をした。「この酸っぱくて甘い味は、もしかしたら『初恋の味』と同じなのでは」などと考えたりしながら。子どもの考えることはアホらしいが、想像力は計り知れない。この大玉は、その〝初恋の味〟が二倍になっているのである。そんな妄想だけではなく、実際に舐《な》めてみると大玉は口のなかに入れたときの存在感、充実感、満足感、持続感が通常サイズとは天と地ほど違う。やっぱり大きいことはいいことだ。

♥お菓子とはいえ、和歌山県産南高梅の果汁を使うなど、小さくても(大玉は大きいけど)中身は本格派。おなじみのキャラクター小梅ちゃんも、明治生まれの15歳、3姉妹の末っ子で綾小路家の一人息子、真(まこと)に思いを寄せているという細かい設定がなされている。小梅は実に奥深いのだ

小梅
価格：オープン価格(148円前後、税別)
問合せ：株式会社ロッテ
TEL：0120-302-300

「フィンガーチョコレート」の金色の包み紙

僕が子どものころはどの家にもたいてい菓子鉢があった。例えば桑田君の家は、食卓の上に菓子鉢が置いてあり、いつもお菓子がたっぷり入っていてとてもウラヤマシかった。ただ、せんべいと飴とチョコレートとさきイカなんていうヘンな組み合わせもあったりしたが……。そこに燦然《さんぜん》と輝く森永の「フィンガーチョコレート」が入っていたりすると、僕たちも目を輝かせてわれ先に手を伸ばした。

中身もおいしくて好きだったが、包み紙が僕たちにはたまらなくゴージャスだった。ほとんどが銀色だったけど、一袋に数本、金色の包み紙が混ざっていて、これがまさにお宝。桑田君と取り合いになることが多かった。ゲットできると、貴重な金色の包み紙を丁寧に伸ばして、教科書の間に挟んだりした。

さて、いまはというと、金色・銀色・ピンク色の三色の包み紙があり、その配合率はバラバラとのこと。おお、すごい、金色の確率が大幅にアップしている！ あのころ、これがあったら桑田君とケンカにならずにすんだのに……。

♥包み紙は遊び道具としても大活躍した。銀紙は数枚を丸めてパチンコ玉のようにして投げ合ったり、意味もなく細長い棒をつくったり。なかには、ツルを折ったり、金紙と銀紙を組み合わせて芸術的な手裏剣を折るやつもいた。フィンガーチョコレートは子どもの空腹と創造意欲を満たしてくれたのだ

フィンガーチョコレート（大袋）
価格：オープン価格
問合せ：カバヤ食品株式会社
TEL：0120-24-0141

「純露」の紅茶味

牛乳↓ココア↓紅茶↓コーヒー。子どもが成長するにしたがって、この順番で飲みものが〝大人化〟していく。特に、ココアから紅茶に至るタイミングが微妙に思春期の訪れと一致するから、なかでも紅茶は特別な存在。僕も小学五年生になって紅茶を飲むようになり、急に自分が大人の仲間入りをしたような気がした。結局は牛乳や砂糖をドバドバ入れて、ココアと同じような甘さにしていたけど……。

こうした思春期の微妙な心理を「純露」の担当者は実によくわかっている。べっこう飴と紅茶飴を二対一の割合で入れたのが素晴らしい。見た目も味もちょっと大人っぽい紅茶飴が三分の一だけ入っていることで、背伸びしていた思春期の自分を思い出し、懐かしい気分になる。例えば、一袋に紅茶飴が二個だけだったら、レアものとしてまっ先に舐《な》めて終わってしまうのだが、二対一だから、べっこう飴を舐め舐め、時折、紅茶飴という余裕の〝大人舐め〟ができるのである。昔もいまも、大人への成長を感じさせてくれる飴だ。

♥甘酸っぱい思い出に浸れる純露だが、実は飴としては砂糖の純度が非常に高い商品なのだそうだ。確かにちょっと舐めただけでも甘酸っぱいどころか、濃厚な甘みがねっとりと広がるし、一つ舐め終えても1時間くらいは口のなかに純露風味が残る。グリコキャラメルのように一粒で300mは走れそうだ

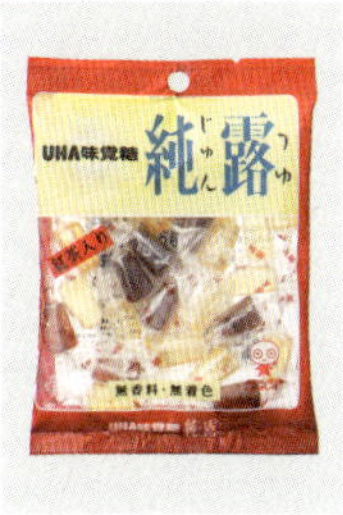

純露
価格：オープン価格（190円前後、税別）
問合せ：UHA味覚糖株式会社
TEL：0120-653-910（お客様相談センター）

「クッピーラムネ」の色つき

小学校の授業が終わると暗くなるまで校庭で遊ぶか、近所の駄菓子屋さんに向かうか、どちらかだった。お小遣いをもらったばかりのリッチな日は、迷わず駄菓子屋さんへ向かう。当時は「一円せんべい」があったり、くじつきの飴やオレンジガムなんかが五円くらいだったから、一〇円玉を二〜三個も握りしめていけば豪遊できた。

しかし、貴重な資金なのでどれを買うか迷う。迷うのだが、いつも最初に「クッピーラムネ」を買ってしまう。ウサギとリスが描かれた、ちょっとポップでシュールなデザインの小袋が五円（だったと思う）。シュワッと溶ける感触が大好きで、一つずつ取り出しては口に入れながら、次に買うお菓子を吟味した。

基本の白のほかに、ピンク、オレンジ、緑、紫のものが混ざっていて、微妙に味が違っていたような気がする。ピンクがいちばんシュワッと感が強かったような……。袋から取り出した最初のラムネがピンクだったりすると〝当たり〟を引いた感じで、とっても気分がよかった。

クッピーラムネは、最初は色とりどりでかわいい熱帯魚から取って「グッピーラムネ」だったのが、きれいな語感のほうがいいということで「クッピーラムネ」になった、という噂《うわさ》がある。その真偽はともかく、僕の周りでは昔もいまも「グッピーラムネ」と呼ぶ人が意外に多い

クッピーラムネ
価格：オープン価格
問合せ：カクダイ製菓株式会社
TEL：電話番号非公開

「サクマドロップス」

子どものころ、ドロップといえばサクマ、サクマといえばドロップだった。夏休みなどに母の実家に遊びにいくといつもサクマの缶があって、喘息《ぜんそく》気味だったおばあちゃんが舐《な》めていた。そばにいくと「舐めるかい？」と言って、その缶から取り出してくれるのだが、なに味が出てくるのか、ちょっとドキドキものだった。

僕はミカン味（オレンジではなくミカンと呼んでいた）がいちばん好きで、橙色《だいだいいろ》が見えると「やった！」と心のなかで叫んだ。次に好きなのはレモン、そしてパイン。しかし、おばあちゃんの手に白いものが見えるとがっかり。僕に限らず子どもはハッカ味が苦手。家でもハッカが出ると缶に戻してミカン味を探し出して食べるものだから、最初にミカン味がなくなり最後はハッカばかり残った。いまはハッカも大丈夫だけど、やっぱり白いやつが出るとちょっとがっかりで、ミカン味に当たるとうれしい。

そういえば、子どものころはハッカ味をもらうとちょっとだけ舐めてから、こっそりちり紙に包んで捨てていた。ごめんね、おばあちゃん。

正式には「ドロップス」。サクマは明治時代に創業されたが、第２次世界大戦中に解体され、戦後、佐久間製菓とサクマ製菓の２社ができた。佐久間製菓の「サクマ式ドロップス」が赤い缶、サクマ製菓の「サクマドロップス」が緑の缶。デザインや味の種類が少し異なるのが面白い

サクマドロップス（80g）
価格：150円（税別）
問合せ：サクマ製菓株式会社
TEL：0120-153693（お問合せ窓口）

泉屋のクッキーの〝リングターツ〟

家にお客さんがきて、手みやげに泉屋のクッキー缶を持ってきてくれると、とてもうれしかった。「開けていいよ」と母親に言われる前にすでに缶のふたについているセロハンテープをはがしていた。そしてまっ先に〝リングターツ〟を確保する。僕は姉が一人いただけなので、トンカツを取り合うといった男兄弟に見られる修羅場はほとんどなかった。けれど、これだけは別。いろいろなクッキーが詰まっているのに、二人ともリングターツがいちばん好きで、いつも取り合いになった。一枚を引っ張り合って割れてしまい、その破片のどちらが大きいかでまたケンカしたり。

浮き輪のような形に、ちっちゃなカレンズ（山ブドウ）、レモンピール、アンゼリカ（フキの砂糖漬け）がのったシンプルなクッキーだが、缶のまんなかにあって王様のような存在感がある。素朴でやさしい味わいも好きだった。一缶に二〜三枚しか入っていない希少価値も取り合いを加速させた。泉屋のクッキーをもらうと、まずリングターツを確保してからほかのクッキーを選ぶ癖はいまだに直らない。

♥その昔、リングターツを見た子どもの「このクッキー、浮き輪に似てるね」という一言から、浮き輪をモチーフにした泉屋のシンボルマークが誕生したとか。という逸話からもわかるように、14種類あるクッキーのなかでもリングターツは泉屋を代表する一品なのだ

スペシャル・クッキーズ(380g)
価格：2100円(税別)
問合せ：株式会社泉屋東京店
TEL：0120-86-5238

「たべっ子どうぶつ」

「たべっ子どうぶつ」は楽しい。いろいろな動物の形をしたビスケットが詰まっていて、しかも英語で動物の名前が書いてあるという、実にサービス精神旺盛なお菓子だ。これをポリポリ齧《かじ》りながら動物の英語名を覚えた少年少女は大勢いるだろう。「PORCUPINE」が「ヤマアラシ」、「LYNX」が「オオヤマネコ」だなんて、これを食べなかったら一生知らなかったかもしれない。当時、まだローマ字読みが精いっぱいの僕は「PIGEON」を見て「ぴげおん？ なんの動物？？？」と真面目に悩んだりしていた（正解はピジョン、ハト）。

みんな自分の好みの動物がお目当てで、それに当たると大騒ぎして喜んだ。僕はライオンやトラが好きだったから、箱を開けて最初に取り出した一枚がライオンやトラだったらとってもラッキー。ところが、割れてしまって頭だけのライオンとか、下半身だけのトラという、なんともしまりのないものもあった。文字も「LIO」「GER」になってしまうわけで、ちょっとがっかりだった。

♥一箱開けてみたら30種類45個入っていて「RABBIT(ウサギ)」「DEER(シカ)」が4枚ずつでいちばん多かった。しかし、「SQUIRREL(リス)」「WOLF(オオカミ)」の形がどうしても理解できない。どっちが上か右かもわからない。「TIGER」もひなたぼっこしているネコにしか見えない……

たべっ子どうぶつ(バター味)
価格：110円(税別)
問合せ：株式会社ギンビス
TEL：03-3664-0331

「ジャンボヨーグル」

これを見た瞬間、思わず松田優作演じるジーパン刑事の名セリフが口をついた。

「なんじゃこりゃ！」

ヨーグルといえば、昔から駄菓子屋さんの人気定番の一つ。ちっちゃな容器に木のスプーン（ヘラ）を突っ込んで、甘酸っぱいヨーグルトのような、ザラザラした生クリームのような不思議な物体を隅っこまですくって食べていた。しかし、「ジャンボヨーグル」はそんなちまちました行為を否定するかのような巨大サイズ。僕たちが食べていたヨーグルの一〇倍はある。いつも駄菓子屋さんで「もう少し入っていればいいのに……」と思っていたあの願望がついにかなった！　ジャンボサイズのお菓子は数多いが、これほどインパクトのあるものに出会ったことはない。

ああ、しかし。ヨーグルはふたの裏に「あたり」「はずれ」が書いてあって、当たるともう一個もらえるという楽しみがあったのに、残念ながらジャンボヨーグルには「あたり」がない。ジャンボヨーグル自体が当たりということか。

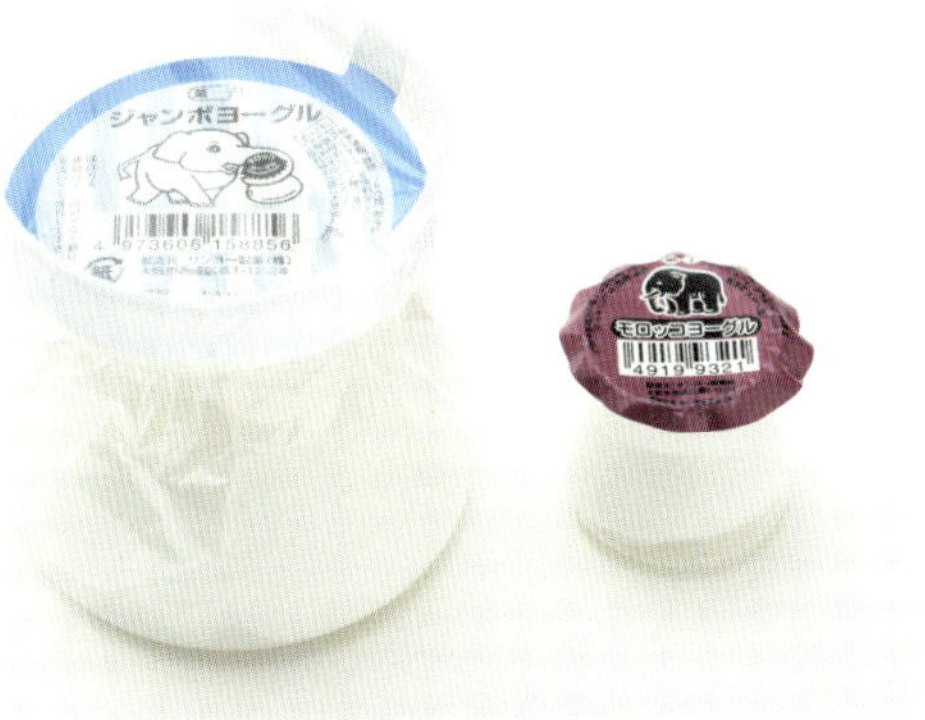

定番ヨーグルや巨大化したジャンボヨーグルのほか、味がグレードアップした「ヨーグルスーパー80」というバリエーションもあって、大きくなったり、「80」ってついたりして、なんだかウルトラマン化している。しかし、ジャンボヨーグルのインパクトにはどんな怪獣もかなわない

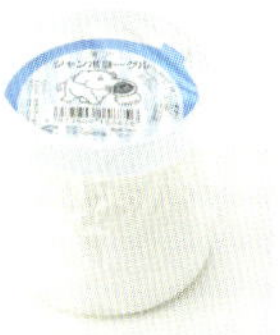

ジャンボヨーグル
価格：オープン価格（参考小売価格200円、税別）
問合せ：サンヨー製菓株式会社
TEL：06-6658-7789

「ふ〜せんの実」の大玉

ガムを噛《か》んでいると友達はみんなぷぅ〜っとフーセンを膨らませるのだが、僕はガムフーセンができなかった。ガムをたくさん噛んでみたり、鏡の前でこっそり練習したりしたのだけれど、やっぱりできなかった。僕が噛んでいたのは普通のガムで、フーセンガムでないと膨らまないと知ったのはそれからしばらくたってから……。

「ふ〜せんの実」はフーセンガムだということが一目でわかっていい。そして、ブルーベリー味では三つの味が楽しめる。「ブルーベリー」「すっぱいブルーベリー」と、六つしか入っていない大玉の「ヨーグルト」だ。この三つの味を組み合わせれば、自分だけの味を楽しむことができる。

通常の小粒をたくさん口に入れるよりも、大玉一個食べたほうが満足感が大きいから、早く大玉を取り出したいんだけど、なかなか取れない。透明パッケージだから大玉が見えているのに取れない。このもどかしい気持ちを乗り越え、やっと大玉が出てきたときのうれしさといったら……ほんと、ガムフーセンでも膨らませたい気分。

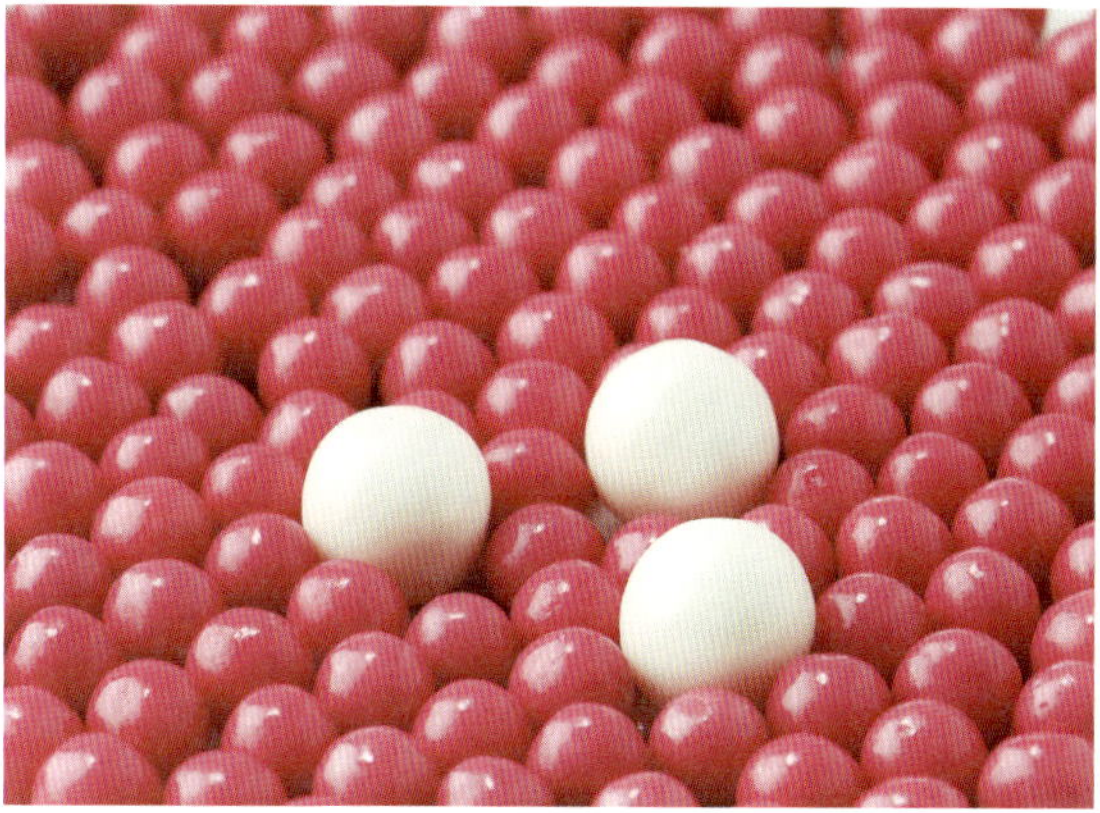

♥通常の「ふ〜せんの実」に比べ、存在感のあるボリュームの大玉「ヨーグルト」。パッケージはカラフルなデザインの4種類がある。そういえば、以前のパッケージには、アンパンマンでおなじみのやなせたかし氏によるオリジナルキャラクター「ふ〜せんマン」が描かれていた

ふ〜せんの実（ブルーベリー）
価格：オープン価格（100円、税別）
問合せ：株式会社ロッテ
TEL：0120-302-300

トマトのハート形

一人暮らしの四畳半、申しわけ程度についている狭い台所で一人わびしく食事をつくる。食事といっても、ご飯を炊いて、コンビーフと卵を炒め、インスタント味噌汁にお湯を注ぐだけ。そうだ、野菜も食べなきゃいけないな、と思って駅前の八百屋さんで買ってきたトマトを取り出す。トマトをざっくりまんなかからまっ二つに切る。と、おおっ！　断面がきれいなハート形になっているではないか！　みずみずしいまっ赤なハート形は恋の予感か、ラッキーの前兆か。一人のさびしい台所にちょっとだけ光がさした瞬間……。

人はハート形のものを見るとなぜかうれしくなる。しかも、それがつくられたものではなく、偶然にできたものであるとなおさら。フランスパンの端っこの切り口やカブの断面などもハート形になったりすることがあるけれど、トマトのハート形の断面はとてもロマンチック。かつてケチャップのコマーシャルで「赤いキッス」というコピーがあったけど、なるほどキッスの原料はハートだったんだ、と妙に納得。

♥断面をきれいなハート形にするのは意外に難しい。先が尖《とが》っているファーストトマトの、それも左右対称になるような形が整っているやつを探し出して、ちょうどまんなかから切る。それでもホレボレするような本当に美しいハート形になるのは10個に1個程度。素敵な恋の確率は低い!?

ファーストトマトは甘みと酸味のバランスがいいのが特徴。主要な産地は愛知県で、収穫時期は12月～4月

「スペシャルサンド」のゼリー

子どものころ、近所のパン屋さんでコッペパンを売っていた。「おばちゃん、ジャム塗って」なんて頼むと、コッペパンの横にすっと包丁で切れ目を入れて、大きな缶からすくったジャムを塗ってくれる。ほかにも、バターやピーナッツクリームなどが選べた。なかでもジャムとバターを重ねて塗ったのが好きだった。

その感覚を忘れかけたころ、衝撃的なパンに出会った。やや小ぶりのコッペパンにアンズジャムとたっぷりのミルククリームが挟んであり、そしてまんなかにはチェリーのようなまっ赤なゼリーがポツンとのっている。かつて近所のパン屋さんで食べたコッペパンよりえらくゴージャスな雰囲気だ。なにより、チェリーのようなゼリーが泣かせる。それだけつまむとミルククリームのくぼみに赤色が残るような強烈な色だし、食べるとねちゃっとした駄菓子的食感なんだけど、またこれがいい。たまに母親が「一個しかないから二人で分けなさい」と言って「スペシャルサンド」を僕と姉に渡してくれた。しかし、それは不可能。チェリーの取り合いになるから。

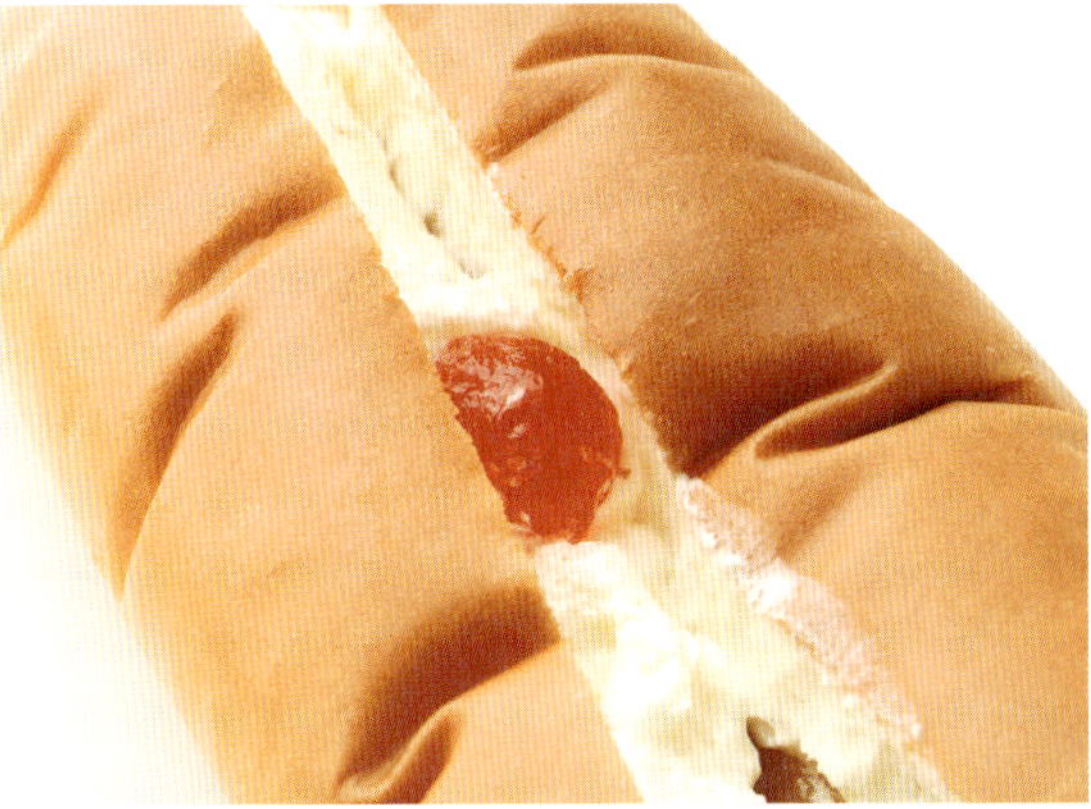

♥チェリーのようなゼリー(あるいは緑のチェリー形ゼリー)は、かつてはさまざまなお菓子に使われていた。クリスマスケーキもバタークリームの上に赤や緑のゼリーがちりばめられているのが定番だった。大人にとっての飲み屋街のネオンのように、僕たちにはあの赤や緑が誘導灯だったのだ

スペシャルサンド
価格:98円(税別)
問合せ:山崎製パン株式会社
TEL:0120-811-114

Column 1

ちょっと大人になった気分の喫茶店

子どものころ、父親に喫茶店に連れて行ってもらうのが好きだった。薄暗く、コーヒーや煙草の香りが漂う大人の空間。入るときにはちょっとドキドキしたが、気取ってクリームソーダやサンドイッチを食べると自分も少し大人になったような気がしてくすぐったいようなうれしさを感じた。ウエハースのついたバニラアイス、生クリームの浮いたココアなどを知ったのも喫茶店だったし、ジュークボックスやテーブルの上に置かれた星占いの器具など、もの珍しいものがたくさんあった。子どもにとってはワンダーランドだったのだ。高校生になって初めて一人で喫茶店に入ってコーヒーを注文したとき、大人になった気がした。

♡開けてハッピー

「チョコボール」の〝金のエンゼル〟

あるかな、あるかな……と祈るようにつぶやきながら、くちばしをそっと開ける。だいたいなにも見つけられずがっかりするけど、そこにエンゼルマークが描かれていたときのあの興奮。「あった！　エンゼル！」と叫んでしまう。ご存じ「チョコボール」は、ラッキーつきお菓子の定番として愛されている。〝金のエンゼル〟なら一枚、銀なら五枚を集めるともらえる「おもちゃのカンヅメ」は子どもにとって永遠の憧れだ。「くるくるカン」「のびのびカン」「過去缶」「未来缶」「太陽のカンヅメ」「月のカンヅメ」「夢カン」「キョロカン」など、時代とともに中身が変わっているのも楽しい。

僕はいまだかつておもちゃのカンヅメをもらったことがない。小学生のころ、おもちゃのカンヅメを僕らに見せびらかす一つ年上のマーちゃんがものすごくウラヤマシかった。噂《うわさ》によると、〝銀のエンゼル〟は二〇個程度に一個あり、金のエンゼルのレア度はその五倍とも一〇倍ともいわれている。僕はこれまでに二〇〇個くらいは買っていると思うけど、当たったのは銀のエンゼル三枚だけ。僕の天使はどこに？

♥1967年の発売当初はミニマンガ本やおもちゃが入った「まんがのカンヅメ」だった。その後何度かのモデルチェンジ（？）を経て、なじみのあるおもちゃのカンヅメに。子どもの夢とともにカンヅメの中身も移り変わっていくのだ。ただ僕はいまでもカンヅメを追い求めている

チョコボール（ピーナッツ）
価格：80円（税別）
問合せ：森永製菓株式会社
TEL：0120-560-162

※「金のエンゼル」「銀のエンゼル」の画像は2018年当時のもの。

「パックンチョ」のハート形

みんな大好きミッキー、ミニー。ディズニーキャラクターのお菓子はたくさんあるけど、なんといっても「パックンチョ」がいい。それは、ハート形のレアものに当たる楽しみがあるからだ。普通のパックンチョは丸い形をしている。でもハート形のかわいいパックンチョが隠れていることがある。これに当たればラッキー。

しかも、描かれているキャラも違う。普通のパックンチョはミッキーやミニー、プーさんや白雪姫などのキャラクターの顔がついているけれど、ハート形パックンチョにはミッキーのシルエット、シンデレラ城、ガラスの靴、妖精ティンカーベルという、レアキャラがついているのだ。

個人的には、シンデレラ城や妖精ティンカーベルが好きだ。なんとなく、夢をかなえてくれそうだから。ガラスの靴が一つだけ描かれているのもちょっと哀愁があっていい。まるで「この靴がはける人を探して」と、小さなパックンチョに語りかけられているようで、なんともいえない気分になる。

♥パックンチョの絵柄は、たまに新しくなっているので久しぶりに食べると、新しい出会いがあったりする。そして、写真中央がハート形のレアものだ。きれいなハート形のまんなかに、ミッキーのシルエットがくっきり入っていて、かわいいその姿に出会えるのがうれしい

パックンチョ(チョコ)
価格：100円(税別)
問合せ：森永製菓株式会社
TEL：0120-560-162

茶柱

「茶柱が立つ」という言葉を初めて聞いたとき、どんなスゴイことが起きるのかドキドキした。「茶柱」自体がなんだかスゴそうだし、それが「立つ」のである。「ほら、茶柱が立っているよ」と実際に見せられたときは、「立つんじゃなくて、浮くのか！」と、妙に落胆した。ともあれ、本書の意図するところをこれほど端的に表現してくれるものはほかにはない。これぞまさに「ちょっと幸せ」の代表、ニッポン伝統のラッキーシンボルだ。

公園で四つ葉のクローバーを見つけたときは、「ヤッター、ラッキー！」と叫んですぐに誰かに見せびらかす。西欧的な喜び。しかし、茶柱が立ったときは、湯呑み茶碗を三秒ほど見つめ、「ふっ、茶柱立ってる」とほほ笑みながらつぶやく。実に奥ゆかしく和的である。それが四畳半の一人の部屋であっても、お茶をすすりながらニンマリと幸福な気分に浸れる。最近は茶柱（茎）が取り除かれた上品なお茶が多く、茶柱の幸運も忘れ去られる古典になってしまいそうで、少し心配だ。

♥古来より「柱を立てる」のは縁起のよいことであったから「茶柱が立つ」のも吉事の兆し。茎にほどよく空気が含まれ、一定のバランスになると縦に浮くようで、慎重に注いだからといって立つわけではなく、一度立っても時間がたつと沈んでしまう。まさに偶然、神のみぞ知る吉兆なのだ

茶こしの目の粗い急須を用い、茎の入ったあまり上等でない茶葉で淹《い》れることで、茶柱に出会う確率はグンと上がる

アサリのなかの小ガニ

海水浴にいっても、海で泳ぐより岩場でカニや小魚を見つけるほうが好きな子どもだった。波打ち際で、狙いをつけた石をそっと持ち上げたり、岩場の穴を棒でついて、慌てて逃げ出すカニやタコを捕まえる。隠れているお宝を自分だけが見つけたヨロコビ。いつまでも夢中になってカニを追いかけていた、あの夏の日……。

いまでも、例えばアサリの味噌汁やハマグリの吸い物なんかが出ると、あのころと同じような気持ちで、ついつい貝殻を一つずつ箸でついてなかをのぞいてしまう。たいていは身しか入っていなくて（当たり前！）、運が悪いとジャリッと砂を持ったやつに当たったりするのだが、まれに貝殻のなかに小さなカニが入っていたりしたら大当たり！　貝のなかでちんまり身を隠しているうちに味噌汁の具になってしまったのはカニにとっては不幸だが、僕にとってはラッキー。海の岩場で石をひっくり返してカニやタコを見つけたときのような喜びを、小さなお椀のなかで味わえるのだから。だから貝を一つずつ、箸でついていく宝探しはやめられない。

♥アサリやハマグリのなかに入っているカニはカクレガニの一種。貝がカニを食べたわけでも、カニが身を隠すために貝殻のなかに逃げ込んだわけでもない。貝の身とひだの間に入り込み、貝の餌を横取りしている、ちょっとずるい“パラサイトガニ”なのだ。春の繁殖期に見られることが多いらしい

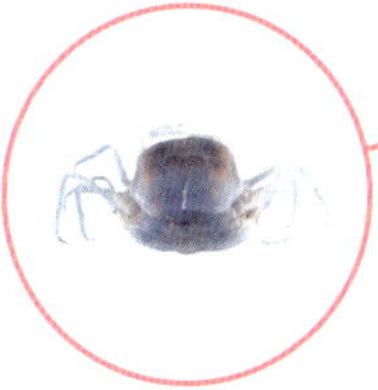

円内のカニはカクレガニのオオシロピンノ。体長は約2cm程度の大きさで、カキに潜んでいたものを撮影

「ミルキー」の包み紙

「ミルキー」の包み紙には、花のような、雲のような模様の上にペコちゃんの顔や三つ葉のクローバーがデザインされ、その上に「milky」の文字が並んでいる。でも、まれにすごくハッピーな包み紙が混ざっている。ペコちゃんの顔は変わらないが、三つ葉のクローバーの一つが四つ葉のクローバーになっているのだ。しかも「milky」の代わりに「Happy」の文字が。天気のいい日に公園にいって寝っころがり、ふと横を見ると、あっ四つ葉のクローバー見っけ！という感じのハッピー。

普通の包み紙だってすぐに捨ててはいけない。包み紙のなかにペコちゃんの顔が切れずにきれいに一〇個描かれていたらラッキーという〝伝説〟もある。これはミルキー好きの間で自然発生して口コミ的に広がったものらしいけど、意外に難しい。九個まではきちんと入っていても、一〇個目のペコちゃんのおさげやリボンがちょっと切れていたりすることが多いのだ。数袋に一個見つかるのがやっとだけど、一袋に複数入っている場合もあるみたい。

四つ葉のクローバーとHappyの文字の入ったミルキーのラッキーな包み紙。三つ葉のなかにさりげなく四つ葉が混ざっているところがいい。本当に公園で四つ葉のクローバーを見つけたような気分になる。写真のデザインの包み紙は定番の白いミルキーのみに入っているらしい

ミルキー袋(120g)
価格：参考小売価格200円(税別)
問合せ：株式会社不二家
TEL：0120-047228(お客様サービス室)

「マーブル」の四つ葉と犬のイラスト

「♪マーブル、マーブル……チョコレート～」。昭和三〇年代後半に流れたCMソングが懐かしい。いまでも「マーブルチョコレート」を見かけると、頭のなかで勝手に歌い出してしまう。僕が子どものころは、アトムシールがおまけについていた。シールの上からこすってそっとはがすと見事に絵が写る「マジックプリント」というやつ。少しでもこすり残しがあるとはがれてしまうので貼るのが難しい。しかも、一度貼るとそれをはがすのはもっと難しい。借家の柱やタンスにベタベタと貼りまくって、母親にものすごく怒られた。

いまは、七匹のマーブルわんちゃんがイメージキャラとして活躍しており、世界を旅するシールがおまけになっている。さらにマーブルのなかに彼らの顔が描かれたものが混ざっている。これを見つけて七つ並べると楽しいのだ。さらに、ラッキーアイテムの四つ葉のクローバーが描かれたマーブルを見つけたらとってもラッキー。♪マーブル、マーブル……とまた歌い出してしまいそう。

♥７匹のわんちゃんたちはバンドのメンバー。リーダーでラッパ担当のホップ・ブル、はにかみやのシンバル担当デイジー・レッドなどキャラが決まっているらしい。マーブルに描かれた模様はちょっとかすれたりしていることもあり、きれいに描かれているとなんだかうれしい

マーブルチョコレート
価格：112円（税別）
問合せ：株式会社 明治
TEL：0120-041-082

「ペコちゃん焼」の〝ポコちゃん焼〟

「ペコちゃん」といえば、みんな知っている不二家の看板娘(?)で、店頭や商品パッケージなどで大活躍。でも、ペコちゃんのボーイフレンド「ポコちゃん」はちょっと影が薄い。ペコちゃんの顔はすぐ思い浮かぶけど、ポコちゃんの顔は思い出せない人が多いはず。ちょっとかわいそうなポコちゃんだけど、大丈夫、東京・神楽坂に行けば人気者だから。

神楽坂の不二家飯田橋神楽坂店には、ここでしか売っていない「ペコちゃん焼」がある。人形焼きの顔がペコちゃんになったようなもので、定番のカスタードやミルキークリームのほか、季節によって変わるクリームが入っているものもある。焼きたてを求めて行列ができるほどなのだが、人気の理由はもう一つ。これに出会えば「ラッキー!」という〝ポコちゃん焼〟が入っていることがあるからだ。〝ポコちゃん焼〟を注文することはできないので、ひたすらペコちゃん焼を買って幸運を祈るしかない。ここではペコちゃんよりポコちゃんのほうが人気があるのだ。

♥正直、ちょっとコワイような迫力のある顔だけど、結構芸が細かくてペコちゃんは舌を出しているし、裏はちゃんとお下げ髪の形になっている。一方、ポコちゃんの裏には「かぐら坂ポコちゃん」と書いてある。ラッキーアイテムとして、ペコちゃんに負けじと頑張って自己主張している

ペコちゃん焼
価格：149円～（1個、税別）
問合せ：不二家飯田橋神楽坂店
TEL：03-3269-1526

双子の卵

なにげなく卵を割ったら黄身が二つ飛び出してきてビックリ！　あるいは、ゆで卵にして半分に切ったら黄身が二つ、雪だるま状に入っていて驚いた、という経験のある人は結構いるのではないだろうか。眠い目をこすりながら朝食をつくろうとしたら、卵一つだけで〝両目玉焼き〟ができた、なんてラッキーな話はすぐ誰かに言いたくなる。とり急ぎ写メで送ろう。最近は「双子の卵」として、黄身が二つ入った卵だけをパックにして売られていることもあるようだが、最初から二つ入りとわかっていては面白くない。普通の卵だと思っていたのに、割ってみたら突然黄身が二つ出てきた、というところに大きなサプライズとラッキーがあるのだ。この意外性が一日の喜びを与えてくれる。

でも、かつて「僕は卵の白身です。僕のなかにキミがいます」と、卵を渡しながらプロポーズした人がいたらしいが、こんなときに万が一でも黄身が二つあると、かなりヤバイかもしれない……。

♥双子の卵は、若いメスが卵を産み始めたばかりのときに見られることが多く、その確率は１％とも、それ以下ともいわれる。普通の卵より大きく、先が尖《とが》った形になっているのが特徴。重量が重いので規格外となり、パックでは出荷されないことが多い。出会うには養鶏場の直売品などが狙い目だ

生卵を割った状態では、いまいち感動が伝わりにくい。やっぱり、上の写真のように雪だるま状でなくてはダメだ

「パナップ」の〝スマイルパナップ〟

フルーツ味が加わっただけでとても魅力的になるものが多い。子どものころはフルーツ牛乳やフルーツキャンディーが好きだったし、歯みがき粉もフルーツ味だった。大人になってからもヨーグルトはフルーツ味を選ぶし、フルーツ味のアイスも好きだ。

例えば「パナップ」。バニラアイスにフルーツソースが入っていて、いちごとぶどうの定番の二種類がラインナップされている。このフルーツソースが持つ爽やかな風味がアクセントになっておいしい。

しかも、四カ所にちょこんと入ったフルーツソースはそれぞれがハート形になっていて、小さなラッキーが集まってきているようでちょっとうれしくなる。

さらに、フルーツソースでニッコリ笑顔が描かれている〝スマイルパナップ（スマイルソースのパナップ）〟に出会ったら、大当たり！　このスマイルパナップは表面だけでなく底のほうまで続いている金太郎飴状態。うわべだけでなく、とても奥深い心からの笑顔なのだ。これに出会ったら、その日は一日笑顔でいられるだろう。

この手のレアものとしては、結構当たりやすいはず(！?)のスマイルパナップがこちら。でも、ふたを開けてこんなかわいい笑顔が出てきたら、どこからスプーンを入れていいのかちょっと迷ってしまうかもね。できることなら、このままとっておきたいくらいだ

パナップ マルチパック
価格：450円(税別)
問合せ：江崎グリコ株式会社
TEL：0120-917-111

うどんの結び目

仕事が長引いて遅めの昼食、近所のうどん屋さんのおばちゃんはいつにも増して無愛想。目の前にドンッと乱暴に置かれたきつねうどんを、ズルズルとすすっていると、「早く食べてねっ、もう閉めるから」と追い打ちの言葉。いやな気分になって、もう店を出ようかと思ったそのとき、箸で持ち上げたうどんの一本がくるりと巻きついて結び目ができている。「おお、ラッキー！」。叫びたくなる衝動を抑えつつ、一人ニタニタしてしまう。なにかいいことがあるのでは？　あるいはこれから訪れる運命の出会いの前兆か！　結び目一つで妄想が膨らんでいく昼下がりのうどん屋さん……。

うどんやそばに結び目ができていることがまれにある。製麺時やゆでているときに絡まって偶然できるのだろうが、一部では「幸運の結び目」ともいわれているらしい。一本に二つ結び目ができたうどんに出会ったこともある、という知人の証言もあった。その後、彼にどんなすごい幸運が訪れたのかは聞いていないが……。いずれにしても、おみくじで大吉を引いたような、ちょっといい気分になる。

これまでにうどんやそばの「幸運の結び目」に3回出会ったことがある。いずれもうどん屋さんで食べたときで、過去500回くらい家でうどんやそばをゆでたと思うが、なぜか結び目ができたことは一度もない。店のように大量にゆでないとできないのかもしれない

結び目がほどけないように食べて初めて幸福が訪れるという説も。すると、正確にはラッキーチャンスってこと？

「ハッピーターン」の〝ラッキー！ハッピー！包み紙〟

僕が中学生のころ、同級生の小林君の家に遊びにいくと、よく「ハッピーターン」が出てきた。「はい、おやつ」と、お母さんが部屋のドアを急に開けると、読んでいた『プレイボーイ』を慌てて隠したものだ。

現在、「ハッピーターン」の包み紙には、「ハッピー王国のヒミツ」という小ネタが記載されている。マスコットキャラクター「ターン王子」にまつわるエピソードが語られ、「ターン王子の特技は社交ダンス。華麗なターンは大評判！」「ハッピー王国のチャイムは、『カリッ』とひびく幸せの音♪」など、その数はなんと一一二種類！思わずコレクター魂がうずいてしまう。

そのほかにも、「ラッキー！ハッピー！包み紙」なるものもある。大きなハートがひときわ目を引き、袋のなかから見つけられると顔がほころんでしまう。一人さびしく食べていたとしても、とても幸せな気分になれる。小林君も〝ラッキー！ハッピー！包み紙〟を探して、いまもハッピーターンを食べまくっているに違いない。

♥ “ラッキー！ ハッピー！ 包み紙”と書かれた大きなハートマークのある包み紙（写真手前）。さりげない“違い”なので、間違えて捨てないように要注意。でも、「ハッピーターン」というネーミングは「幸せが戻ってくる」という意味だそうだから、捨ててもまたハッピーな包み紙に出会えるかもしれない

ハッピーターン（108g）
価格：220円（税別）
問合せ：亀田製菓株式会社
TEL：0120-24-8880

「ハッピーターン」の〝ハートハッピー〟

「ハッピーターン」のちょっと幸せの続き。六七グラムのジョイパックは袋のなかにハッピーターンがザクッとそのまま入っているから、包み紙がない。ということは、包み紙のハッピーもない。しかし、こっちにはハートの形をした〝ハートハッピー〟が入っていて、これが結構うれしい。実際に買って調べると、ジョイパックには二袋に一個程度入っていて、高確率で発見できる。だからといって、「レアでもないし、ハッピーでもないじゃん」と思ってはいけない。

ハート形といっても、そこはお菓子だから、正確なハート形になっているわけではなく、一個ずつ、微妙にずれていたりかけていたりする。それもまた楽しいのだが、そんななかでほぼ完全にシンメトリーになっていて、膨らみの曲線が美しい完全無欠なハート形になっているものがある。それを見つけると、「おおっ！」と思わず声を上げてしまうほど感動的なのだ。これだっ！と思えるものは意外に少なく、僕の経験でいえば一〇袋に一個あれば上等。

♥恋とせんべいは割れやすい。ハッピーターンもスーパーの袋に缶ビールや石鹸などと一緒に入れて乱暴に運ぶと、割れてしまうこともある。それがハートハッピーで、しかもまん中からまっ二つに割れてしまうと、恋が破れたようで悲しい。だから、ハッピーターンは丁寧に扱いましょう

ハッピーターン(67g)
価格：115円(税別)
問合せ：亀田製菓株式会社
TEL：0120-24-8880

「ヨーグレット」「ハイレモン」のスマイル

「グラスの底に顔があってもいいじゃないか」と言ったのは、〝爆発〟の芸術家、岡本太郎だった。だから、というわけではないが、顔がついたお菓子は結構多い。しかも普通はなんの変哲もないお菓子なのに、時折顔がついたやつが混ざっていたりすると、意表を突かれて「ふふふっ」と笑ってしまう。

例えば、「ヨーグレット」「ハイレモン」のニコニコ顔。ヨーグレットは「栄養機能食品［カルシウム］」、「ハイレモン」は「栄養機能食品［ビタミンC］」と書いてあるし、トローチのようなパックに入っているところもちょっと地味。で、なにか口に入れたいなぁ、と思ってなにげなく口のなかに放り込もうとしてふと見ると、丸いタブレットに「あっ！　ニコニコ顔がついている！」。

地味な雰囲気とは対照的なアッケラカンとしたニコニコ顔は、都会の喧噪《けんそう》を忘れさせ、日々の煩悩を振り払うかのような明るい存在だ。なに気なく手に取ったハイレモンで、一日が一気に明るく、陽気になることもあるのだ。

ヨーグレットには「1日当たり18粒」、ハイレモンには「1日当たり6粒」を目安に食べるように書いてある。この注意書きに忠実に従ったとすると、ヨーグレットのほうがニコニコ顔に出会う可能性が高いわけだ。なるほど、カルシウムが必要な人に笑顔をたくさん提供するというわけか

ヨーグレット、ハイレモン
価格：各118円（税別）
問合せ：株式会社 明治
TEL：0120-041-082

「ミルキーチョコレート」の四つ葉

公園にいくと必ず四つ葉のクローバーを探してしまう、という人は多いと思う。古くから「十字架の形をした幸福のシンボル」「身につけると妖精に出会える」などと言い伝えられてきた四つ葉のクローバーは、茶柱と並ぶラッキーシンボルの定番中の定番。見つけると本に挟んで押し花状態にして、大切にとっておく。なにかいいことありそうな……。

お菓子にも四つ葉のクローバーをデザインしたものは多く、それを見つけるとやっぱりうれしい。例えばミルキークリームをミルクチョコで包んだ「ミルキーチョコレート」。一箱に一二粒入っていて、それぞれにペコちゃん、ポコちゃん、Ｄｏｇのレリーフがついているのだが、四つ葉のクローバーが混ざっていることがある。ちょっとした宝探しをしたような気分になれる。

でも、クローバーのように大切にとっておくと溶けてしまったりするから、見つけたらすぐに、ミルキーな味とラッキーな幸せを一緒に食べてしまおう。

ミルキーチョコレートの四つ葉は3箱に1箱の割合で見つけることができる。1箱に複数個入っていることもある。四つ葉のクローバーを見つける確率は1万分の1とも10万分の1ともいわれるから、公園で必死になって探すよりも幸運に出会える確率は断然高い。お手軽でおいしいラッキーだ

©FUJIYA

ミルキーチョコレート
価格：参考小売価格110円(税別)
問合せ：株式会社不二家
TEL：0120-047228(お客様サービス室)

赤ちゃんミカン

冬になると、わが家にはいつも段ボール箱入りのミカンがあった。こたつに入りながら毎日一〇個くらいは食べていたと思う。冬の終わりには手や足が黄色くなっていた。ストーブの上にのせていたやかんのなかにこっそり入れて皮をふやかしてみたり、マジックで顔を描いて、人差し指を突っ込んで「ミカン人形！」なんて遊んだりもした。ヘタを取った跡に残る黄色い斑点の数から「皮をむかなくてもこのミカンには房が一〇個入っています！」というマジックもどきも得意げになってやっていた。

で、いざ皮をむいて食べようとすると、房と房の間にちっちゃな房が隠れていることがある。未成熟の房なんだろうけど、隣の大きな房にぴったりくっついていて、親にしがみついている赤ちゃんみたいでかわいい。こんな赤ちゃんミカンが入っていると、予想もしなかったおまけがついていたみたいで、ちょっとうれしかった。夏ミカンなどにもこうした赤ちゃんがついていることもあるが、やっぱり冬のミカンの赤ちゃんがいちばんかわいくて、なんとなくほのぼのする。

♥最近のミカンは種が入っていないものが多いが、子どものころは種入りミカンが多かったような気がする。赤ちゃんミカンでも、一人前に小さな種が入っていることがある。種が入っていると食べにくいけど、赤ちゃんミカンだと健気《けなげ》に頑張っているようで、むしろうれしかったりする

外見からは存在がわからないのも赤ちゃんミカンの魅力。小さいほどテンションが上がるし、ラッキー度も高い

「ピュレグミ」の星形

フルーツ味のキャンディーを買うとき、ついついレモン味に手が伸びてしまう。子どものころは酸っぱくて敬遠していたけど、オトシゴロを越えた女性にとって、レモン味の黄色はビタミンCの色！　美容と健康の救世主なのだ。ピュレグミのレモン味もその一つ。パッケージにも「コラーゲン&ビタミンC入り」と堂々と書いてあるし！

口に入れると刺激的だが、噛《か》んでいくうちにスッキリした甘さが広がり心地よい。

特に集中して買いだめしてしまうときがある。それが期間限定の「星ピュレ」出現率アップキャンペーン。「星ピュレ」と呼ばれる星形のピュレグミがまれに入っているのだが、キャンペーンのときだけ出現率がアップするのだ。いつものピュレグミはハート形なので、そのなかに星が入っていると一目で「ワッ！」とテンションが上がり、流れ星に遭遇したときのようなありがたさを感じられる。グレープやマスカットなどにも星形は入っているけれど、やっぱりレモンがいい。「幸福の黄色いハンカチ」のように、黄色は幸せの象徴。アラフォー女子に潤いを与えるビタミンカラーなのだ。

♥カンロによると、確率は非公開だが一定の割合で入っているという。星ピュレ増量キャンペーンは、神社がお正月になるとおみくじの大吉を増やすサービス(?)に似ているかもしれない。1粒にビタミンCが2.80mg入りで、1袋(16粒)食べるとレモン2個分以上！　そう考えると、なんだかうれしい

ピュレグミ(レモン)
価格：オープン価格(120円前後、税別)
問合せ：カンロ株式会社
TEL：0120-88-0422(お客様相談室)

「プッカ」のプッカのたまご

「たべもので遊んではいけません」そう叱られてきた子ども時代。でも遊ばずにはいられないのが「プッカ」だ。袋を開けるとまず、謎の生命体のような不思議な形に、遊び心がウズウズ。大人になった私を叱る人はもういない……。さっそく遊んでみよー！

レッツプレイ①。よーく見ると形状が少しずつ異なっている。両足(?)がヒレのような「ピーノ」、足が二つに割れた「ワレーノ」、四本足の「フォース」など全八キャラ。種類ごとに分けて遊びながら、合間にパクリ♪

レッツプレイ②。裏ぶたに「プッカからの挑戦状」が！『コロコロころがるプッカを立たせることができるか』。ピーノを立たせられたご褒美に、パクリ、パクリ♪

レッツプレイ③。実は八キャラのほかに、「プッカのたまご」というイガイガした形のレアキャラが存在するのだ。その確率は一〇〇個に一個というから、先ほどの挑戦以上に困難を極める。見つけたらとってもハッピーだが、なくてもこれだけ楽しめれば、十分幸せだ。個人的にプッカを「遊んでよいたべもの」第一号に認定！

♥魚のようにも見える「プッカ」、そしてウニの殻に似ているのが「プッカのたまご」(写真)。キャラ設定もあって、ピーノはみんなのリーダー役で、ワレーノはおしゃべり好き、ノーズは食いしん坊と、個性もさまざま。いずれにせよ、謎の生命体であることに変わりはないが…

プッカチョコレート
価格：91円(税別)
問合せ：株式会社 明治
TEL：0120-041-082

「からあげクン」の刻印つきからあげクン

コンビニのレジ横フードは楽しい。最近は、焼き鳥やアジフライ、春巻きなんかもあって、スーパーの惣菜売り場並みの充実度。コンビニごとに多彩な品ぞろえだが、昔もいまも王者はやっぱりローソンの「からあげクン」！　そんなファンは多いはず。

ニワトリのイラストが描かれたパッケージがおなじみだが、実はこれ、ニワトリではなく「からあげクン王国に住む妖精」。フレーバーごとにキャラクターが設定され、「レギュラー」の妖精以外に、「チーズ」のお父さん、「レッド」のお母さん、「ピザ」の姉、姉に恋する「どろソースマヨ」……と、複雑極まりない相関図があるのだが、長くなるので今回は割愛して、レア探しのお話。この妖精の刻印つきからあげクンが、一〇〇〇分の一の確率で潜んでいるのだ。さらに、王冠とマントを身につけた「キング」の刻印だと四〇〇〇分の一！　見つけたらもう人生アゲアゲのスーパーラッキー!!　さすが、レジ横フードの王だけある。個人的には「たまたま増量キャンペーン中で、一個多く入ってた♪」という即物的幸せも、絶対捨てがたいけどね。

1986年に誕生したからあげクン。それまで学校帰りの買い食いといえば、肉マンかおでん（夏はアイス）だったから、選択肢が広がってうれしかった。刻印入りの取り組みは2013年からスタート。まだ見ぬキングにいつか出会えることを期待しつつ、買い食いに励む大人も多いことだろう

からあげクン（レギュラー）
価格：200円（税別）
問合せ：株式会社ローソン
TEL：0120-07-3963

「ハーゲンダッツ」の〝ハーゲンハート〟

私が子どもだった一九八〇年代、高級アイスといえば大容量のパイントカップ。大きなスプーンでガラスの器によそい、家族みんなで食べるのが特別な日のお楽しみだった。時は流れ、お一人さまファーストの現代。ご褒美アイスの代名詞といえば、「ハーゲンダッツ」の一人用ミニカップ。それはもう、老若男女が認める事実！（たぶん）。

そんなハーゲンダッツ業界が、いま盛り上がっている。いや、正確には〝下がっている〟〝くぼんでいる〟というべきか？　その正体は「ハーゲンハート」。ハーゲンダッツのふたを開けたとき、表面に現われるハート型のクレーターのことで、アイスをつくる際に偶然生まれるくぼみなのだ。左右対称のハートに近いほどレアでラッキーといわれ、完璧な「クリアハート」のほか、唇の形に見える「キスハート」など一種に分類されている。まるで恋占いみたいでステキ～♪とばかりに買ってきて、うれし恥ずかしいざジャッジ！　結果は、中央が丸く膨らんだ「心にぽっかり穴ハート」（もはやハートじゃないじゃん!?）。アイスは甘くても、恋の行方は甘くないみたいです。

♥工場で滑らかなアイスクリームをカップに充填《じゅうてん》し、内ぶたを装着した際にアイスクリームの角(つの)が押しつぶされて、いろんなハート型に見えるのだそう。写真の「クリアハート」の出現率はわずか0.2%。さらに黄金比に基づく「パーフェクトハート」というのもあるらしいが、出現率は不明だ

ハーゲンダッツ ミニカップ(バニラ)
価格：295円(税別)
問合せ：株式会社ハーゲンダッツ ジャパン
TEL：0120-190-821

「ジャイアントカプリコ」のカプすけの顔

「ジャイアントカプリコ」といえば、ジャイアント馬場のユーモラスなCMを覚えている人も多いだろう。コーンカップにイチゴのエアインチョコが入ったアイスそっくりの見た目に、子どものころ〝これは新しい！〟と衝撃を受けたものだ。いまでも手に取ると、懐かしさより斬新さを感じてしまうのは、当時の記憶の影響かもしれない。

このジャイアントカプリコの側面に、カプすけというキャラクターの顔が描かれたレアバージョンがある。その確率は二割程度というウワサを聞いたが、試しに一〇本買って検証してみた。一本目ハズレ、二本目ハズレ、三本、四本、五本……出てこない。六本、七本、八本、九本、でない。やっぱり簡単には出会えないの!? 最後のパッケージをやけくそ気味に剥《む》き取ったら、にっこり笑顔のカプすけが！ 一〇本買って一番最後にアタリを引くなんて、しかも〝笑顔〟って、自分の才能(?)がちょっと怖い……。『奇跡を待つより、すぐ手が届く幸せを噛《か》み締める』と締めくくるつもりが、オチがついてしまったが、幸せとは常に予測不能なものなのだ。

♥鳥のくちばしのような口を持つキャラクター「カプすけ」の顔は、写真の通常版や私の引き当てた笑顔のほか、ウインクバージョンもあるようだ。さらに「ジャイアントカプリコZ〈クリスピーチョコ〉」(※)にも顔つきバージョンがあり、こちらは「Zくん」という名前だが、カプすけとうり二つである

ジャイアントカプリコ(いちご)
価格：オープン価格
問合せ：江崎グリコ株式会社
TEL：0120-917-111

※フレーバーは変更される場合があります。

「雪見だいふく」のピック

「雪見だいふく」を食べようとして、パッケージをペリペリ開ける。そこにはふっくら白い雪見だいふくが、二つ仲良く並んでいる。いつ見ても、思わずナデナデしたくなる愛らしさよ！　ルンルンしながら付属のピンクのピックで刺してパクッモチッ、うーんおいしい。でもちょっと待って！　いつもなにげなく使っているピックをよく見てほしい。ハートが一〜三個描かれているのだ。たいていは一〜二個だけど、もしハートが三つ並んでいたら超ラッキー♪　出会った瞬間に「今日はなにかいいことがありそうな予感♡」と、マイハートをくすぐられてしまうことだろう。

でも実は、もっとレアなバージョンがある。それはハートではなく、雪見だいふくのシンボル「うさぎ」柄。その確率はおよそ五〇分の一というから、一カ月間毎日雪見だいふくを食べて一個出るかどうかといったところ。これに当たれば、うさぎのようにピョンピョン飛び跳ねたくなるほどうれしいことだ。ただ、うさぎよりハートが出たほうが、恋は実りそうな気がする……そう思ったのは、決して負け惜しみではない。

このピックの形、じーっと見ていると先端がうさぎの耳のように見えてくるのは、気のせい？　ちなみに毎年11月18日はロッテが制定した「雪見だいふくの日」。11は「いい」と読む語呂合わせで、18はフタを開けて縦にすると、フォークと2つ並んだ雪見だいふくが「18」に見えるから。これは本当

雪見だいふく
価格：140円（税別）
問合せ：株式会社ロッテ
TEL：0120-302-300

Column 2

お菓子のご当地フレーバー

旅先で土産物屋さんをのぞいたり、高速道路のサービスエリアに寄ると、必ずあるのがご当地菓子。定番のお菓子にご当地ならではの名物を組み合わせた限定バージョンで、例えば「ベビースターラーメン」なら北海道限定の「贅沢濃厚北海道チーズ味」、三重限定の「イセエビ塩味」、九州限定の「贅沢濃厚博多明太子味」など。特産品や名物を組み合わせたわかりやすいものが多く、北海道ならトウモロコシやジャガイモ、大阪ならお好み焼き味か阪神バージョン、京都なら抹茶味、福岡ならとんこつ味か屋台風、といったパターン。取ってつけたようなお菓子も多いのだけど、なぜか楽しそうでやっぱり買ってしまう。

ベビースターラーメン　問合せ先：株式会社おやつカンパニー／059-293-2398

♡おやくそくハッピー

「柿の種」のピーナッツ

父親は近所の食堂に入るといつもすぐにビールを注文した。ハンバーグにしようかナポリタンにしようか、僕がメニューを見ながら迷っていると、食堂のおねえさんがビールとグラス、そして白い小皿を持ってくる。小皿にはビールのつまみの「柿の種」。父親は自分でトポトポとビールをグラスに注ぐとグイッと一口飲んでから、「食べていいぞ」と柿の種の小皿を差し出してくれる。

子どもの僕は柿の種は辛くてちょっと苦手だったから、なかに入っているピーナッツをつまんでポリポリ食べながらハンバーグを待った。柿の種はビールのつまみなのに、そのなかのピーナッツは子どもの味方のような気がして好きだった。

このイメージが擦り込まれているためか、柿の種にピーナッツが入っているのを見るとなんとなくホッとする。大人になってビールを飲むようになってからも、柿の種が出ると必ずピーナッツだけを先に食べてしまう。でもピーナッツだけだともの足りない。柿の種のなかにあるからピーナッツに幸せを感じるのだ。

♥ピーナッツが入っているのは正確には「柿ピー」または「ピー柿」。僕が子どものころは、ビールのおつまみだけでなく、おやつにもよく出されていたような気がする。町内の子ども会の集まりのときも、ティッシュにのせてあった。やっぱり、大人たちのおつまみの残りだったのだろうか……

亀田の柿の種
（6袋入り）
価格：280円（税別）
問合せ：亀田製菓株式会社
TEL：0120-24-8880

そうめんのミカンとサクランボ

そば屋さんやよその家で食べるそうめんが好きだった。ガラスの器に氷水と一緒にそうめんが上品に入っていて、そこにミカンやサクランボがちょこんと盛りつけられている。家で食べるそうめんとはまったく別もの、お上品なたべものに見えた。

当時の子どもたちにとってミカンやサクランボはたまらなく魅力的なフルーツ。缶詰ではあったけど、というより甘いシロップ漬けの缶詰フルーツのほうがより魅力的だった。当然ながら、こうした上品なそうめんが出ると、上品さのかけらもなくミカンやサクランボをまっ先に奪い合い、ペロッと食べてしまった。

少し大きくなって上品さのかけらが身につきはじめたころに、余裕を見せてそうめんの合間にミカンを食べてみたら、妙に甘さが気になってあまりおいしくない。試しにミカンだけつゆにつけて食べてみたらもっと変な味になった。やっぱりミカンやサクランボはただの飾りだったんだ、とそのとき気づいた。だから、ミカンやサクランボは、まっ先に食べて満足してからそうめんを食べるのが正しい食べ方なのだ。

♥しかし、なぜそうめんにミカンやサクランボがのっているのか。定かではないが、そうめんは大人のたべものというイメージが強かったので、子どもたちにも食べてもらうようにミカンなどをのせたのではないか、という説がある。確かに、これでまんまとハマった子どもたちがたくさんいる

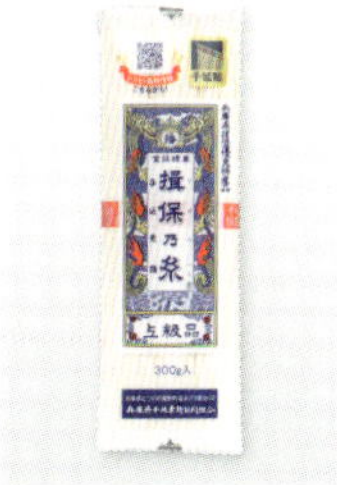

手延そうめん揖保乃糸上級品300g
価格：380円（税別）
問合せ：非公開

アイスクリームのウエハース

それはある夏の日、父親に連れられての外出先でのことだった。「暑いな、ちょっと休んでいくか」と言われて入った喫茶店で、「アイスにするか」と言われるままに頼んで出てきたのは、高い脚がついたおしゃれな器にボールのようにきれいに丸められたバニラアイス。しかも、ウエハースまでついている！　僕が知っている当たりつきの棒アイスとは別世界のアイスがあることを知った瞬間だった。

口のなかで広がるバニラアイスの上品なおいしさもさることながら、感動したのはウエハース。それだけを食べると、なんだか頼りなく味気ないものなのに、バニラアイスに添えられるととても気高く見える。ウエハースをスプーン代わりにしてアイスをすくってそのまま一緒に食べたときのうまさといったら……。それ以来、〝喫茶店のアイス〟は親が僕に言うことを聞かせる呪文になった。

さらに贅沢《ぜいたく》をいえば、バニラアイスにウエハースが二枚、そしてサクランボまでのっていたら完璧。もう、なんでも言うこと聞いてしまう。

♥スプーンですくったアイスをウエハースにのせるのは初心者のやること。正統派の「喫茶店のアイス好き」ならウエハースをスプーン代わりに使ってアイスを食べるのが正しいお作法。しかし、ウエハースはすぐ折れてしまうので、きれいに食べるのは結構難しい。根気と技が必要なのだ

喫茶店のアイスクリームは格別。きっとウエハースや脚つきの器がアイスクリームを特別なものにしているのだ

コーラのレモン

ちょっとしたことでフツーのものが急におシャレになったりすることがある。クラスのなかでもまったく目立たなかった女の子が、三つ編みの髪にかわいい髪飾りをつけてきた日から急にみんなの注目を浴びたりするように。

コーラのレモンもそう。そこらへんで買って缶や瓶からそのまま飲むとなんでもないのだが、喫茶店などで出てくるコーラはレモンの輪切りがのっていて、急によそゆきのおシャレな飲みものになる。しかも、ただ輪切りレモンがのっているのではなく、切れ目を入れてグラスの縁を挟み屹立《きつりつ》するように出てくるとさらにおシャレ度アップ、「大人のコーラ」という感じがした。

一時期、コーラレモンが流行《はや》ったが、ただレモン味のコーラではつまらない。レモンの輪切りがついている姿が美しいのだ。レモンスカッシュやトマトジュースなど、飲みものにレモンの輪切りを添えて高級感を演出するのは喫茶店の常套手段(?)だが、やっぱり「コーラにレモン」が最も合うと思う。

♥輪切りのレモンをストローで持ち上げたり、まんなかにストローを通して車輪のように回したり、タネを吸い込んでみたり。皮の部分に「Sunkist」という文字があったらラッキーなどと勝手に決めたり。コーラの輪切りレモンだけでも十分遊べたのだから、子どもはエライ

コーラに輪切りのレモンを浮かべるのは、日本の喫茶店が始めた日本特有の飲み方なのだとか

ソーダ水のサクランボ

いまはあまり見かけなくなったが、喫茶店やデパートの食堂のショーケースなどに、よくソーダ水のサンプルが置いてあった。背が高くて周囲がギザギザあるいは楕円形がたくさんついているようなグラスに、緑色のメロンソーダがたっぷり入っていて、上にちょこんとサクランボがのっている。

子どものころはこのサクランボがうれしくて、へたをストローにすっぽり入れて持ち上げてみたり、無理やりグラスの底まで沈めたりして、遊びながら飲んだものだ。そして、少しだけ大人になって学生になると、サクランボをポイッと口に入れ舌を使ってへたに結び目をつくる、という技が流行《はや》った。これができる人はキスが上手、なんて噂《うわさ》もあった。

しかし、僕は何度やってもできなかったから、喫茶店で得意げな顔でこれをやるヤツが嫌いだった。だから、いまでもたまにソーダ水のサクランボを見かけると懐かしくてうれしいけど、ちょっと悔しい。

❤ソーダ水のサクランボをいつ食べるかは結構重大な問題だ。友だちの鈴木君は「最初に食べるのに決まっている」と言いきっていたが、僕は最後までとっておくタイプだった。ちなみに、鈴木君は男３人兄弟の長男、僕は姉と二人兄弟。こんなところにも家庭環境の違いが出るのかもしれない

日本で「ソーダ水」といったら、メロンソーダを指す。炭酸水やサイダー、ラムネを出す店は、わかっていない

「キャラメルコーン」のローストピーナッツ

「キャラメルコーン」「餅太郎」「どんどん焼」が好きな人は性格が似ていると思う。本体(?)のお菓子よりも、そこに紛れ込んでいるわずかなピーナッツを見つけ出す作業についつい熱中してしまうという癖を持っているはず。そして、探し当てたときには一人でニンマリしてしまう。

例えば、甘いキャラメルコーンに混ざっているローストピーナッツ。子どものころは、袋の底に沈んでいるピーナッツを先に取り出したくて、袋を逆さまにしたり、振り回したりしたものだ。同じ班だった田中君は遠足のバスのなかで、「こうやると早く取れるんだぜ!」と自慢顔で思いっきり振り回し、袋が破けて車内をキャラメルコーンだらけにして先生に怒られていた。それくらい必死になって小さな幸せを追い求めていた僕たち。でもやっぱり、大人になってもついつい探してしまうし、塩ピーナッツがキャラメルコーンには欠かせない存在だと思う。やっぱり、袋を逆さまにしてピーナッツを探す人はいまでも結構多いのだろう。

♥試しに80g入り袋で数えてみたら、キャラメルコーンが109個に対してローストピーナッツが13個入っていた。ほぼ8個につき1個の割合。実際にキャラメルコーンを8個食べるごとにピーナッツを1個ずつ食べてみると、味のバランスがとてもいい。さりげなく絶妙な割合なのだ

キャラメルコーン(80g)
価格：オープン価格(参考小売価格122円、税別)
問合せ：株式会社東ハト
TEL：0120-510810

ハンバーグのつけ合わせがナポリタン

　ハンバーグとナポリタンが大好きだ。洋食屋さんにいくとどちらにするかすごく迷う。迷い抜いた揚げ句に両方頼んでしまってお腹いっぱいになってしまったりする。だから、ハンバーグのつけ合わせにナポリタンがついていたりすると、とても助かる。うれしい。ちょっと得した気分にもなる。不思議なもので、赤いスパゲッティがちょっとついているだけで、懐かしきお子様ランチ気分が盛り上がるのだ。誰も見ていなければご飯に小旗を立てたいくらいだ。

　そもそもナポリタンはエライ。一人でも主役を張れるのにもかかわらず、つけ合わせとしても名脇役ぶりを発揮する。ハンバーグはもちろん、カニコロッケにもショウガ焼きにも見事に調和し、主役を引き立てつつしっかり自己主張できる。食べ方の配分を間違って、ハンバーグがなくなってしまったのにまだご飯が残っている、といった緊急事態にはご飯のおかずとしても活躍する。否定する人もいるかもしれないが、少なくとも僕はナポリタンをご飯のおかずにできる。

♥ナポリタンはハム、ピーマン、タマネギ、マッシュルームが入っているのが個人的には理想だが、つけ合わせの場合は具はいらない。あくまでも脇役として存在するのだから、やや太めのスパゲッティがケチャップで炒めてあるだけで十分(それをナポリタンと呼ぶかどうかわからないが……)

東京・日本橋三越のレストラン「ランドマーク」(P.117参照)のシェフに、特別につくっていただいた。注文不可

あんみつの求肥

両親がまだ結婚する前、甘味処でデートをしたそうだ。店に入ると女の子ばかりで実に困った、と父が言っていた。そして僕も高校生のある日、同じような状況に陥り、甘味処に入ってしまった。やはり女の子ばかりで困ったが、しかしそれ以上ににを頼めばいいか困った。すると彼女が「あんみつ」と言うから「オレも」と。出てきたあんみつはあんこがたっぷりで、どこから食べていいかまた困った。しょうがないからあんこをつつきつつ、豆や寒天を口に運んだ。そして、あんこの横に置かれたやわらかな餅みたいなやつを食べたとき、そのふにゃっとした不思議な食感に驚きつつ、なぜかほっとした。「これナニ?」「ぎゅうひ」「えっ?」「ぎゅ・う・ひ」。

それが「求肥」であると知ったのは、数年後のことだ。しかし、彼女の唇の動きとともに鮮烈な印象が残った。あんみつは、求肥を際立たせるためにあんなにあんこがのっているのではないか。いまでも求肥を口にすると、うれし恥ずかしの青春時代が甦《よみがえ》る。やっぱり、あんみつは求肥を食べる幸せのために存在する。

♥求肥は白玉粉を練ってつくる和菓子。平安時代に唐から伝わったといわれ、当時は玄米でつくっていたので黒っぽく、牛の皮に似ていることから「牛皮」といわれたが、獣を忌み嫌ったため当て字で「求肥」に。なんて蘊蓄《うんちく》をあのころ知っていたら、甘味処デートで会話に詰まることもなかったのに

僕のなかでは、あんこ、寒天、アカエンドウマメ、フルーツ、蜜、そして求肥が入っていて、初めて「あんみつ」

おかめうどんのだて巻き

だて巻きはお正月に欠かせないたべものの一つ。甘いものを食べない僕の父親ですら、重箱にだて巻きが入っていないと「おーい、だて巻きがないぞー」と母親に向かって叫んでいたくらいだ。子どもにとっては、ほんのりした甘さがうれしくて、きんとんと並ぶ二大おせち食材だった。

正月限定おめでた食材のイメージがあるだて巻きだが、なぜかあんかけうどんや鍋焼きうどん、おかめうどんに入っていることがある。入っている店では、正月に限らず一年中入っている。紅白かまぼこと同じような感覚で入れているのかもしれないし、例えば、出前で届いたおかめうどんに入っていてもなんの疑問も持たずに食べてしまうくらいなじんでいる。

しかし、甘いものがうどんに入っているのは、よく考えるとやっぱりヘンだ。ヘンだけど、しょっぱいつゆに甘いだて巻きはなんだか妙に合う。ちょっぴりおめでたい感じもするし、意表をつかれたようでうれしい。

♥東京の下町が発祥のおかめうどんは、湯葉やかまぼこ、卵焼きなどでおかめの顔をなぞらえた江戸の遊び心あふれるたべもの。卵焼きの代わりにだて巻きを入れたのかもしれないが、最近のおかめうどんはそもそもおかめの顔になっていないことが多いので、だて巻きが入っても違和感がないのかも

湯葉やかまぼこ、シイタケ、だて巻きが入ったおかめうどん。とろみのついた餡《あん》をかければ「あんかけうどん」

カステラの台紙に残るザラメ糖

子どものころ、家を訪ねてきたお客さんが長四角の包みを持ってくると、「カステラかな？」と期待したものだった。それが本当にカステラだったら、お客さんが帰るやいなや包みを開けてカステラを切ってもらう。いまはあらかじめきれいにカットされ、パッケージされたものがあるけど、子どものころにはそんなものはなく、長いかたまりを包丁で切って食べた。

もちろんできるだけたくさん食べたいから、母親が包丁を当てようとすると「もっと大きく！」と叫んだ。しかし、そこに落とし穴があった。カステラの底面積が大きくなればなるほど、下に敷かれた台紙がはがしにくくなるのだ。底の甘いザラメ糖の部分がごっそり台紙に残ってしまうという悲惨なことになる。ああ、そこがうまいのに。だから、小さめのやつを二つ切ってもらってから、台紙を慎重にはがすようになった。いまでも、ザラメ糖が全部カステラについたまま上手にはがせると、それだけでとてもうれしい。

♥どんなに慎重にはがしても、ザラメ糖は台紙にちょっと残ってしまう。悔しいから台紙ごと口に入れて歯でしごくようにザラメ糖を食べていたが、ときどき台紙も一緒に食べてしまうはめに。フォークを使って削り取ればいい、という冷静な判断ができるようになったのは、それから少し後のことだ

台紙は生地が枠に付着するのを防ぐため。底にザラメ糖の層をつくるのはしっとり感を持続させるためなのだとか

黒豆のチョロギ

正月に祖母の家に遊びにいくと、おせちの黒豆に酢漬けのチョロギが入っていた。自分の家の黒豆にはチョロギが入っていなかったし、梅酢でまっ赤に色づいた不思議な物体はまっ黒な黒豆のなかで異彩を放つ。それだけでも子どもにとっては目を輝かせてしまうに十分のインパクトだった。怪獣映画好きだった僕は「モスラの幼虫の子どものようだ」と思っていた（幼虫の子どもというのはおかしいが真剣にそう思っていた）。だから、まっ先にチョロギを取って自分の取り皿の端に〝何匹〟か並べて黒豆で陣地をつくり、怪獣ごっこをしていた。最後には食べるのだが、コリッとして、酸っぱくて正直その味はあまり好きではなかった。チョロギを食べると口直しに甘い黒豆を五粒くらい一気に放り込んでいた。

それがいつからだろうか、黒豆を食べて口のなかが甘くなると口直しにチョロギを食べるようになったのは。きっとそれが大人になったということなんだろう、と思いつつ、いまでもチョロギを見るとモスラを思い浮かべてニンマリしてしまう。

♥チョロギは江戸時代に中国から伝わったシソ科の植物で、根の部分がモスラの幼虫形をしている。中国の「朝露葱」を「チョロギ」と読んだことでこの名がついたとか。それに「千代呂木」「長老喜」と縁起のいい字を当てておせち料理に入れるようになった。実際、ボケ防止効果があると聞いたことがある

まっ黒な黒豆のなかでひときわ映えるチョロギの赤色は、シソ漬けによる赤。漬ける前は白色をしている

しっぽまで餡が詰まったたい焼き

人形は顔が命、たい焼きは餡《あん》が命。焼きたてを買って、ハフハフしながら齧《かじ》りついて、なかから熱い餡がジュワッと口に飛び込んでくるのはたまらないうまさ。スマートな外見なのに、ちょっと齧っただけで餡が飛び出してくるような〝薄皮餡厚〟なたい焼きが好きだ。

特に重要なのがしっぽ。知人一六人に緊急アンケートを行ったところ、「たい焼きは頭から食べる」が一四人だったから世の多くの人は頭から食べるといっていいだろう。そうすると、当然最後にしっぽを食べることになるが、そこに餡が少ないとものすごくがっかりする。どんなにおいしい料理を出すレストランでも最後のデザートがまずいと料理全体の印象が悪くなってしまうように、しっぽに餡が少ないたい焼きは印象が悪い。逆にしっぽの先までたっぷり餡が詰まっているたい焼きに当たると幸せだし、感動的だ。だから、たい焼きを買うときには魚屋さんが市場で目利きをするように、店頭でじろじろしっぽを見てから買うことにしている。

♥しかし、同じ店なら餡の量や入れる位置はほぼ変わらないから店頭でじっくり目利きしてもあまり大差はない。大差がないのはわかってはいるが、それでもしっぽに餡がにじんでいる(ような気がする)ものを選んでしまう。そこまでして選んだのにハズレだとショックはさらに大きいが……

餡の黒色が薄い生地から透けていたり、餡がはみ出していたりするのもしっかりと餡が詰まっている目安だ

茶碗蒸しのギンナン

茶碗蒸しは、あのぷるるんとした食感がいい。しかも、そのぷるるんのなかからなにが出てくるか、宝探し的な楽しみもある。もちろん、ミツバやかまぼこの下にトリ肉やエビ、ギンナンが隠れているくらいで、そんな変わったものが入っているわけもない。それでも、スプーンで掘り進んでいって具に当たったときはうれしくなる。

例えば、一人で食堂に入って天ぷら定食かなんかについてきた茶碗蒸しを食べると「おっと、いきなりエビの先制パンチ。やや、さらに続けて大きめのトリ肉の登場です……」と、頭のなかで実況中継を始めてしまう。

なかでも、ギンナンがうれしい。ころりとした姿もかわいいし、微妙な歯ごたえもいい。宝物を掘り当てた気分になる。エビやトリ肉のようなスター的存在感はないけど、茶碗蒸しには欠かせない存在だ。なかにはギンナンが入っていない不届きな茶碗蒸しもあって、最後まで掘り進んでも見つけられないとがっかりする。逆に、ギンナンが二個入っていたりすると大当たり、とても得したような気分になる。

♥茶碗蒸しのギンナンは黄色より茶碗蒸しのなかで映える緑色のものがいい。黄色だと保護色になって見つけにくい。ちなみに、「茶碗蒸しにはギンナンが不可欠」という話をしたら、関西出身の友人が「ギンナンではなくユリ根が入っているもの。ユリ根がない茶碗蒸しはありえない」と言っていた

茶碗蒸しの「おやくそくハッピー」は、ギンナンや関西のユリ根のほかに、東北の甘グリ（シロップ漬けの黄色いクリ）がある

中華丼のウズラの卵

一人暮らしの学生時代、週に三回は中華丼を食べていた。アパート近くのラーメン屋さんの中華丼は、ご飯も具もボリューム満点、肉や野菜がたっぷり食べられて、五〇〇円くらいだったからありがたい。しかも、「中華丼」という、中国大陸が一皿に集約されたような凄《すさ》まじいネーミングであるにもかかわらず、ウズラの卵がちょこんとのっていたり、ベビーコーンがこっそり混ざっていたりするのがかわいい。腹をすかせた貧乏学生の僕は、がつがつと食べ進み、探し出したウズラの卵やベビーコーンは皿の端っこに置いておき、最後に食べるのが楽しみだった。

かわいいだけでなく、トロリとした餡《あん》のなかで、ブタ肉やハクサイ、モヤシなどがなれ合いのように一体化しているのに対し、ウズラの卵とベビーコーンは、自分の存在をきちんと主張しているのが健気《けなげ》だ。小学校時代、同級生たちと遊んでいても、笑顔に気品があって明らかに一人だけ輝いていた転校生、小松さんのように。だから中華丼を頼むと、まず小松さんのようなウズラの卵を探してしまう。

♥ウズラの卵は普通は１個だけ入っているが、なにかの手違いで２個入っていることがある。他人から見ればちっちゃなことかもしれないが、中華丼好きには大きなヨロコビなのだ。一方、ベビーコーンは餡の上に置く店もあるが、僕は餡の中に混ざっているやつを救出するのが好きだ

ウズラの卵はトリ肉やタケノコ、シイタケなどほかの具材とは別格。見た目も主役で、丼の中心に入れられる

ラーメンのなると

子どものころ、時折、夜遅くなるとチャルメラの音が聞こえてきた。「♪チャララ〜ララ、チャラララララ〜」。昔の小学生が音楽の時間に縦笛で、イタズラで吹いたあのおなじみのメロディーそのままに、屋台のラーメン屋さんが流してくるのだ。あのもの悲しい音が聞こえてくると、パブロフの犬のように無性にラーメンが食べたくなる。

親にせがんで外に駆け出していって食べた屋台のラーメンは、醤油《しょうゆ》スープに細い縮れ麺、具はメンマとまっ赤なハム、そしてなるとだけ。シンプルだったけど、それがラーメンの正しい姿としていまでも脳裏に焼きついている。なかでもなるとは強いインパクトがあった。バカボンのほっぺのような赤い渦巻き、周りのギザギザはとっても不思議な食べ物だった。いつも最後に食べたものだ。

最近のラーメンは洗練されておいしくなったけど、なるとの入っていないラーメンはなんかもの足りない。逆に、いまでもなるとが入った昔ながらのラーメンに出会うとうれしくなる。ラーメンはこうでなくちゃ。

♥「なると」といえば、いまは忍者マンガ『NARUTO』を思い浮かべる若者が多いかもしれないが、ラーメンはもちろん、冷やし中華、中華丼、あるいはおでん、煮物などにもよく使われていたものだ。ちなみに、鳴門の渦潮が語源。ラーメンのスープに浮かべて渦を見ていると、なるほど納得する

ラーメンの具の主流は厚切りチャーシューと味つけ卵。なるとを入れる店が少なくなっているのはさびしい

イメージどおりのお子様ランチ

デパートの食堂はハレの食事の舞台だった。入り口で食券を買ってテーブルにつくと、濃紺の制服に白いエプロンをかけ、やはり白い布でできたティアラのような小さな飾りを頭につけたおねえさんが、銀色のお盆を持って席にやってくる。グラスの水を置きながら、「いらっしゃいませ。食券をいただきます」と言って、食券を片手で器用にパチッとちぎって半券だけ持っていく。

しばらくして運ばれてきたのは、もちろんお子様ランチ。仕切りがついたお皿には、ケチャップがたっぷりかかったハンバーグ、エビフライにトリの唐揚げ、ソーセージにフライドポテト。そして忘れちゃいけないまっ赤なチキンライスはカップで山型に盛られ、山頂にはデパートのマークが入った旗が立っている。さらに、コーンスープとフルーツやプリンなどのデザートが添えられている……これが理想のお子様ランチ像だ。さすがに、なかなか注文することはできないけど、隣のテーブルの子どもが食べているのがこんなイメージどおりのお子様ランチだったら、とってもうれしい。

♥僕が子どものころは、お子様ランチのお皿は動物の絵が描いてあって、仕切りがついている程度だった。日本橋三越本店のレストラン「ランドマーク」のお子様ランチは、煙突から煙が出る汽車型の器。理想のお子様ランチ像をかなり忠実に再現している。すでに大人の僕でも注文できる

ランドマーク
東京都中央区日本橋室町1-4-1
日本橋三越本店新館5階
TEL：03-3241-3831
お子様ランチ　800円(税別)

Column 3

デパートの食堂はテーマパークだった

子どものころは、デパートへいく、というのが一大イベントであった。大人は気合いを入れて買い物に、僕たちはお昼になにを食べるかを真剣に検討し、家族みんなでテンションを上げながら勢い込んで向かう。デパートの大食堂は子どもにとって最高に贅沢《ぜいたく》で楽しいテーマパークだったのだ。大きなショーケースに飾られた料理のサンプルを見るとテンションは最高潮に達する。お子様ランチに目を向けつつも、隣のハンバーグやその隣のミートソーススパゲッティも気になる。キョロキョロしているうちに、アイスクリームやパフェなどのデザートに目を奪われてしまう。結局、最後はいつもお子様ランチになるのだが……。

日本橋三越本店新館5階「ランドマーク」のショーケース(P.117参照)

♡探してハッピー

「コアラのマーチ」の〝まゆ毛コアラ〟

コアラが東京・多摩動物公園にやってきたのは一九八四年一〇月のこと。上野動物園にパンダがきたとき以来の大騒ぎだった。でも、「コアラのマーチ」は、実はその年の三月にもう発売されていた。最初はマーチングバンドの一二匹がいて、そのなかで一生懸命ラッパを吹いているコアラの目の上のシワを「あっ、この子にはまゆ毛がある、かわいい〜」と女子高生が勘違い(?)して、八八年には〝まゆ毛コアラ〟があっという間にブレイク。コアラのマーチは絵柄が注目されるようになった。

その後、続々コアラの仲間たちが登場し、いまでは三六五種類の絵柄がある。まゆ毛コアラは定番のラッキーキャラだが、このほかに〝盲腸コアラ〟〝鼻血コアラ〟〝リュックコアラ〟に出会うとラッキーといわれている。

でも、僕は目が渦巻いている〝DJコアラ〟がかわいくて好きだ。これを見つけると最後まで大切にとっておくのだが、いつの間にか誰かに食べられていたりするとがっかりして目が渦巻きになってしまう。

♥左から元祖ラッキーキャラのまゆ毛コアラ、鼻血が出ているように見える鼻血コアラ、おなかのきずが手術のあとに見える盲腸コアラ。これらのほか、唯一後ろ姿で顔が見えない“リュックコアラ”や横向きの“気象予報士コアラ”などさまざま。公式サイト内で全365種類の絵柄を確認できる

コアラのマーチ(チョコレート)
価格：オープン価格(100円前後、税別)
問合せ：株式会社ロッテ
TEL：0120-302-300

シラス干しのタコ

シラス干しが好きな人の八五%は、実はシラスよりもそこにこっそり紛れているタコやイカの赤ちゃんを見つけるのが好きだ。たぶん。五ミリほどの小さな体だけど、ちゃんと大人と同じ姿をしている。子どものころも、大人になったいまも、なん度も見つけているのに絶対に声を出してしまう。「あっ、タコ見っけ！」

しかし、タコやイカで喜んでいてはまだ甘い。海の赤ちゃんたちがまだまだ隠れているのだ。

スーパーのシラス干しパック約一二〇グラムを買ってきて探してみたら、タコ二匹、イカ一匹、カニ二匹、エビらしきもの一八匹、手長エビ一匹、シャコ三匹、小さい魚らしきもの五匹、さらに長いツノを持つ正体不明の生物一四匹を発見。かつて小さなタツノオトシゴが入っていて驚いたこともある。いまは選別機の性能がアップして、こうした異物混入が少なくなっているが、まだまだお宝は隠れている。タコ、イカ、エビ……いつも皿の縁にミニミニ水族館をつくってしまうのであった。

♥シラス干しはカタクチイワシなどの赤ちゃんをゆでて干したもの。細かい網で獲るからイワシだけでなくタコやそのほかもろもろの魚介の幼魚が混入していることが多いのだ。ちなみに、「長いツノを持つ正体不明の生物」はエビやカニなど甲殻類の幼生、ゾエアだろう。シラス干しは図鑑より面白い！

シラス干しはスーパーのなどで手軽に買える。しかし、ミニタコに出会うには店頭でパックを振る勇気が必要かも

梅干しの天神様

僕の祖父は朝起きると、お茶を飲みながら、梅干しに砂糖をつけて食べるのが日課だった。梅干しを食べ終えると種を包丁の背で割り、小さな木の実のようなものを取り出す。そして僕に「ほら、天神様があった」とニコニコしながら言う。ときどき食べさせてもらうのだが、ほんのり酸っぱくてとても不思議な食感だった……。

梅干しの種のなかにある種子は生の状態だと青酸成分があって食べることができない。だから、「種のなかには天神様が入っているから割ってはいけないよ」と言い伝えられてきたらしい。しかし、干して梅酢に長期間漬けておくと青酸成分がなくなり、殺菌効果が生まれるなど逆に体にいいものに変身する。そんな理屈を知ってか知らずか、天神様をありがたがって食べるようになったのだ。

先人の教えがＤＮＡに組み込まれているからだろうか、いまでも梅干しの種を割るとちょっと罪悪感があってドキドキする。でも、そこに立派な天神様を見つけると、やっぱりうれしい。

♥昔から天神様が入っている梅干しの種は大切にしていたようで、天神様つまり菅原道真が祀《まつ》ってある太宰府天満宮には、江戸時代に梅干しの種を奉納した「梅干しの種納め所」が残っている。いま、乾燥天神や梅酢天神など天神商品が売られているのを知ったら道真公もビックリするだろう

天神様の部分には、毒性のあるアミグダリンという成分が含まれている。漬けることで消失されるが、注意は必要

「森永ラムネ」のスマイル

夏休みの暑い午後、遊びまくってカラカラの喉に、いつもの駄菓子屋さんでグビッと飲むラムネの刺激的な爽快感。瓶のなかのビー玉をうまく途中に留めたまま、グビグビ飲める年上の子がとても格好よく見えたし、自分が初めて同じように飲めたときは、ちょっと誇らしい気分だった。ラムネの瓶はガキ大将になるための試金石だった。

「森永ラムネ」は、ラムネ瓶のフォルムを崩さずにプラモデル化している雰囲気がいい。一粒口に入れると、ちょっとだけシュワッとした感じが味わえるのもいい。なんだか夏休みが一瞬だけ戻ってきた感じ。

しかもおまけの楽しみもある。たまに顔がついたラムネが混ざっていて、これを見つけると思わずにんまり。いくつかの表情があるが、僕は口を開けて笑っているラムネ君が当たりと決めている。一本にだいたい四二個くらいラムネが入っているのだが、ラムネ君がついているのはほんの数粒。気がつかずに食べてしまうと、ラッキーを見逃してしまったようでもの悲しい。夏休み最終日の夕暮れのように……。

♥口を開けて笑っていたり、にっこりしていたり、ちょっと困ったような顔をしていたり、さまざまな表情を見ることができる。ただ、ひそかにラムネ君と呼んでいたが、実は「ラムネちゃん」という名前があるそう。ラムネちゃん、勝手に「ラムネ君見っけ！」なんて言い続けていてごめんね

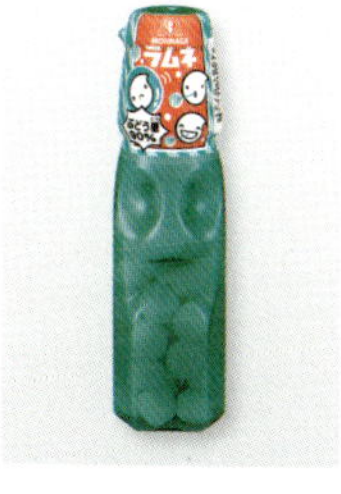

森永ラムネ
価格：70円(税別)
問合せ：森永製菓株式会社
TEL：0120-560-162

「森永牛乳プリン」のホモちゃんの表情違い

ある年代以上の人ならわかってもらえると思うが、銭湯で風呂上がりに腰に手を当てて飲むフルーツ牛乳は本当においしかった。そのために銭湯にいっていた子どもも多かったと思う。僕がいっていた銭湯には太陽をイメージさせる「ホモちゃん」のマークがついた「森永フルーツ牛乳」(終売)が置いてあって、いまでもフルーツ牛乳はホモちゃんのイメージが強い。

その懐かしい顔が「森永牛乳プリン」のパッケージで甦ったのが一九九五年。銭湯を思い出させるレトロなデザインがいいなぁと思っていたら、アレレ、なんだか昔と顔が違うぞ……。そう、牛乳プリンに描かれたホモちゃんはいろいろな表情をしているのだ。笑っていたり、はにかんでいたり、全部で二〇種類。全部見たことはないけれど、ちょっと前までは、フツーの顔をしていて額に〝ブチ切れマーク〟がついているホモちゃんもいた。牛乳プリンだけじゃないけれど、自分好みのキャラに出会うと当たり気分でうれしい。

♥ホモちゃんは1952年発売の「森永ホモ牛乳」のキャラクターとして登場した。牛乳が分離しないように乳脂肪分を均質化する「ホモジナイズ」という製造工程に由来したネーミングで、健康的で明るく爽やかな太陽をイメージ。さらに、20種類の表情でちょっとお茶目な雰囲気も加わった

森永牛乳プリン
価格：120円(税別)
問合せ：森永乳業株式会社
TEL：0120-369-744(お客さま相談室)

「マンナ」のベロ出し

地味だけど、ロングセラーとして愛され続けているお菓子は結構あるが、赤ちゃんのためのビスケット「マンナ」が一九三〇年から続いているのはスゴイ。なんといまやこれを食べて育った赤ちゃんが、八〇歳近いおじいちゃんやおばあちゃんになっているのである。

そんな九カ月から八〇歳までをファンに持つお菓子マンナは、まん丸ほっぺの赤ちゃんの顔の形をしている〝普通〟バージョンと、ペロッと舌を出している〝ベロ出し〟バージョンがある。箱には〝普通〟の写真が載っているからこっちが基本なのだろうが、ベロ出しも結構たくさん入っている。試しに数えてみたら、一箱にちょうど半分ずつ入っていた。

レアではないけど、やっぱりベロ出しのほうが特別感があって、なんとなくうれしい。普通、こうしたお菓子だとベロ出しの数を減らしてレアキャラにしたりするが、そんなことをしない寛容さ(?)も、長年愛される理由かもしれない。

♥マンナは一箱に２袋入っている。ベロ出し（写真下）を数えると、１袋目は10個だった。やっぱり、ベロ出しはちょっとだけレアなのだろう。と思ったけれど、２袋目を調べてみると、14個がベロ出しだった。う〜ん、やっぱりどっちも基本形なのかもしれない……

マンナ（ビスケット）
価格：150円（税別）
問合せ：森永製菓株式会社
TEL：0120-560-162

「ヱビスビール」の〝ラッキーヱビス〟

恵比寿様といえば、いわずと知れた七福神のお一人だ。このおめでたい神様は釣り竿を持ち、大きなタイを抱えていらっしゃる。そのグレートハッピーなシンボルマークを戴いているのがおなじみ「ヱビスビール」。麦芽一〇〇%のおいしさで人気……だけではない。コアなファンは〝ラッキーヱビス〟を探し求めて連夜飲んでいるのだ。

ラベルをよーく見てほしい。普通、ラベルに描かれた恵比寿様は左手でタイを一匹抱えている。ところがごくまれに、右手奥の魚籠《びく》にタイがもう一匹入っているラベルがある（見えるのはしっぽだけだけど）。これぞラッキーヱビス瓶。恵比寿様の両側にタイ、こりゃもうめでたいどころの騒ぎじゃない。

僕がある居酒屋さんで初めて出会ったときは、思わず「うおー、ラッキーヱビスだー！」と大声を出して、店中の客の注目を集めてしまった。居酒屋さんのオヤジも気前よく「めでたいからこのビールはタダでいいよ！」。

ラッキーヱビスに出会うと幸せが訪れるという伝説は本当だった。

♥写真左の“ラッキーヱビス”ラベルは1998年に登場、数百本に1本の確率といわれている。仮に300本に1本とすると、毎日1本ずつ飲んだとしても1年に一度出会えるかどうかの確率のはず。でも、僕はこれまでになんと12本も出会っているのだ。幸運なのか……それとも、単なる飲みすぎか

ヱビスビール
価格：オープン価格
問合せ：サッポロビール株式会社
TEL：0120-207800

タイのタイ

いまは少なくなったが、結婚披露宴では縁起物として尾頭つきのタイの塩焼きが出るのが定番だった。でも、ほとんどの人が箸をつけずに残したり持ち帰っていた。もったいないなぁ。僕は「タイのタイ」が取れるから尾頭つきのタイが好き。胸びれのつけ根を慎重に解体していくと、タイの形をした骨が発掘できる。これがタイのタイ。なんておめでたい言葉だろう。しかも形が本当にタイそっくりでかわいい。これをきれいに取り出せたときには、実に幸せな気分になれる。財布に入れておくとお金が貯まるといわれ、コーティングをしてブローチなどにしている人もいる。

不思議なことにタイ以外の魚も胸びれのつけ根、肩甲骨と烏口骨がつながった部分がその魚に似た形をしている。「サバのサバ」「フグのフグ」なんてのもあるのだ。これを取るのが楽しくて、尾頭つきの魚や兜《かぶと》焼き、兜煮なんていうメニューがあると絶対に頼んでしまう。骨を取るのに夢中になって、人の話も聞かなくなり、周りからはかなり嫌がられるが……。

♥「タイのタイ」はほとんどの魚にある（サメやエイなどの軟骨魚類にはない）。通常、食卓に上る魚なら取れるはずだ。ただし、肩甲骨など周りの骨とつながっているので、ひれのつけ根を取り出して慎重に切り離す作業が必要。これがきれいに取れたときは本当にうれしくて人に見せびらかしたくなる

1匹丸ごとのタイの料理は見た目でおめでたい。さらに、縁起物を内に抱えているなんて、もっとおめでたい

「クールミントガム」のペンギン

ガムはお口の恋人である、とロッテが言い続けてもう五〇年以上になるそうだ。僕たちにとって、気がつけばいつもそばにいてくれる、恋人みたいな存在かもしれない。一九五七年に「グリーンガム」が発売。それまで主流だったフーセンガムから、板ガムの時代に変革をもたらした偉大な存在だったのだ。そして、その三年後には「クールミントガム」が登場。現在へと続く、二大巨頭がそろったわけだ。

七〇年代になると、ほかのガムとともにパッケージデザインが統一された。子どもが大好きだった黄色の「ジューシー&フレッシュ」、茶色は「コーヒー」みたいに、左側のモチーフと欧文の商品名が特徴的なデザインとなった。

と、王道的なロッテの板ガムだけど、九〇年代に入ると、パッケージにレアバージョンが現れるようになった。「クールミントガム」ならペンギンの姿勢がちょっと違ったり、「グリーンガム」なら木がヤシの木になっていたりと、リニューアルのたびに楽しませてくれる。それはまるで、恋人がおちゃめな姿を見せてくれるみたい。

♥現在パッケージが複数バージョンあるのは「クールミントガム」で、3種類のデザインがある。氷山を登るペンギンや、山頂からジャンプするペンギン、そしてくちばしを合わせる2羽のペンギンなど、かわいらしいシルエットを見ることができる。そんな姿を見れば、気分もスッキリ

クールミントガム
価格：オープン価格（100円前後、税別）
問合せ：株式会社ロッテ
TEL：0120-302-300

「ポイフル」のハート

小学校のとき、一学期の終業式に「一日一個ずつ食べるんですよ」と、たくさんもらったカワイの「肝油ドロップ」。「ポイフル」は、そのころを懐かしんで食べる人も結構いるような気がする。ゼリービーンズを小さくしたようなやつを口のなかに入れて噛《か》んだ瞬間の、あのグニュッとした妙な快感が共通しているのだ。

肝油ゼリーもいろいろな色があったが、ポイフルはラズベリー、青リンゴ、レモン、グレープと味わいもおしゃれ。最初に箱から出てきたポイフルの色で占いができるのもうれしい。「今日のスポーツ運は赤が出てきたら大活躍」とか。

さらに、ごくまれにしかないハート形のポイフルが入っていたらベリーラッキー。さらにさらに、そのハートポイフルがもし最初に出てきたら、ウルトララッキー！ その日はすごくいいことがあるに違いない。だから、食べるときは、一つずつ確認しながら食べる。夏休み初日に大量に肝油ドロップを食べてしまったように、ザザザッと口に放り込んではいけないのだ。

♥「ポイフル」は箱の透明フィルムからのぞいてハート形を探せるのがいいところ。そして、ちょっとぽっちゃりしたハートになっているところもまたかわいい。一箱に1個も入っていなかったこともあるが、「3個入っていた」という女の子もいた。やっぱり恋は平等ではないのか……

ポイフル
価格：98円（税別）
問合せ：株式会社 明治
TEL：0120-041-082

サケ缶の中骨

学生時代、一つ上の阿部先輩のアパートによく飲みにいった。お互いなけなしの金を出し合って酒とつまみを用意する。僕が一升瓶の安酒を買っていき、阿部先輩がおつまみを用意するのがいつものパターン。つまみは決まって、さきイカ、柿の種、そしてサケ缶だった。サケ缶は皿にあけたりせずに缶のまま、ちょっと醤油《しょうゆ》をたらしてつまむ。当時の僕たちにとって、とても贅沢《ぜいたく》なつまみだった。

将棋崩しのように、二人で両端から中心へと食べ進んでいくと、最後に中骨が残る。僕はこれが大好きだった。ちょっと歯ごたえがあって、でもほろりと崩れる独特の食感がたまらない。しかし、問題は阿部先輩も中骨好きだったこと。最後は牽制し合うように中骨の周りの身をつつきつつ、お互いの隙をうかがう。そして、中骨がほろっと倒れた側の者が食べていいという暗黙の了解がいつしかでき上がった。

そういえばもう一人、遺跡巡りが趣味の友人は、恐竜の骨を発掘するかのように楊枝を使って丹念に中骨を掘り出すのが得意。いろんな特技があるものだ。

♥近年、中骨だけを集めた缶詰も登場しているが、中骨好きの気持ちがわかっていない。サケの身を食べ進んで最後に貴重なお宝にたどり着くのがうれしいのに。サケの部位によって中骨が端っこにあったり、中骨がない缶もある。まんなかに中骨が入っているサケ缶に当たったときは気分がいい

あけぼのさけ（180g）
価格：450円（税別）
問合せ：マルハニチロ株式会社
TEL：0120-040826

子持ちシシャモ

最近は「子持ちシシャモ」などといって当然のように売っているが、僕が子どものころはシシャモはシシャモ、子持ちも子なしも一緒に混ぜて売っていた。家で食べるときに「おっ、こいつは子持ちだ！」と父親がうれしそうに言っていたのをなん度も聞くうちに、僕も「シシャモの子持ちは大当たり！」と擦り込まれてしまった。味なんかたいしてわからないガキなのに、「やった、子持ちだ！」と真似するようになっていた。そういえばシシャモ以外でも、例えばカレイの煮つけなんかも母親が「これは子持ちガレイだから」と言いながら食卓に出していたような気がする。なぜ「だから」なのかよくわからなかったが、「子持ち＝めでたい、ありがたい、うれしい、大当たり」という図式ができ上がっていた。

だから、子どものころは皿の上に太めのシシャモを見つけると「これは子持ちかな？」とドキドキしながら齧《かじ》っていた。子持ちが当たり前のいまはそんな楽しみがないのが、ちょっと残念。

♥スーパーなどで売られている「シシャモ」はほとんどが本当の柳葉魚（シシャモ）ではなくカペリン（カラフトシシャモ）という別品種。本物の柳葉魚は漁獲量が激減し、漁獲時期も制限され、いまや高級魚となっている。子持ちに当たる楽しみどころか、本物の味に出会う機会も減っているのだ

プチッという一噛《か》みで、卵を覆っていた皮が弾《はじ》けて、その後にはプチプチとした食感が口のなかに広がる

「雪見だいふく」のレアパッケージ

冬に暖房の効いた温かい部屋で食べるアイスは格別だ。これだけでもう、ちょっと幸せ。なんのアイスを食べるかというと、やっぱり「雪見だいふく」がしっくりくる。ちょっと前までは、夏に雪見だいふくは売っていなかった。ロッテが一九八一年、アイスのオフシーズンである冬をターゲットに発売したから。二〇一八年四月以降は一年中売られるようになったけど、冬の時期限定で雪見だいふくの「ふく」の字が大きくなったパッケージを見ると、思わずニンマリしてしまう。さらに、「ふく」の字が漢字の「福」に変わったレアパッケージに当たると、かなりハッピー！　合格発表で自分の番号を見つけた受験生のように、思わずバンザイしたくなる。このレアパッケージの出現率はおよそ四〇分の一で、受験より全然狭き門なのだ。

冬のお楽しみはまだある。商品写真の横の「雪見うさぎ」の絵柄が、通常版ほか扇子を持っているものなど全四種になるのだ。私はふっくら太った「ふくよか」うさぎが好きだけど、見つけるために食べすぎて、絵柄と同じにならないよう気をつけたい。

♥パッケージを見ながら、文字や絵柄の変化を発見するのは、間違い探しゲームのようで楽しい。パッケージの秘密はそれだけではなく、背景の雪の形がハートになっているものも！　このハートつきパッケージを見つけて、好きな人とシェアして食べたら、それだけでもう幸せですね♪

雪見だいふく
価格：140円(税別)
問合せ：株式会社ロッテ
TEL：0120-302-300

「さけるチーズ」のボンバーさけチー

バームクーヘンやミルクレープを食べるとき、はがして食べる人いませんか？　はい、私です。職人さんが一層一層つくったものを、一枚一枚はいでいく感触は心地いいが、お行儀が悪いのであまりやらないほうがいい。ところが、この〝はぎたい欲求〟を『ぜひやってくれ』と言ってくるたべものがある。みなさんご存じ「さけるチーズ」だ。

このパッケージ、通常版は一片だけさけたチーズの写真が使われているが、まるで爆発したように全体がさけたレアパッケージがある。通称「ボンバーさけチー」は、全六種のうち、ローストガーリック味とバター醤油《しょうゆ》味に潜んでいるという。クセもの（もとい）レアものはまだあり、とうがらし味には「ファイヤーさけチー」、ベーコン味は「フラワーさけチー」が潜入。見つかる確率は、二本入りの場合一六分の一と、意外に高い。試しに売り場に行くと、キレッキレのボンバーを確保できた。

人間の心の隙間に潜む〝さきたい〟欲望を、まさに体現したこのレアパッケージ。見つけたら、心置きなく〝ボンバーさき〟にチャレンジしてほしい。

♥シコシコ・キュッキュッとした食感や"さいて食べる"エンタメ性など、ほかのチーズにはない独自性が、パッケージのボンバーにも表われているようだ。実は1980年の発売当初は「ストリングチーズ」という名前だった。1995年に「さけるチーズ」へと改名したことで、人気も爆発したのかもしれない

さけるチーズ（ローストガーリック）
価格：220円（税別）
問合せ：雪印メグミルク株式会社
TEL：0120-301-369

Column 4

季節限定パッケージ

最近は季節感や年中行事がわからなくなったと嘆く人も多いが、『サザエさん』を毎週見るか、お菓子売り場を見ていれば大丈夫。「新じゃが使用」だとか「桜海老味」だとか旬の食材を使った限定版が登場しているし、「お受験パッケージ」「ひなまつりパッケージ」「端午の節句パッケージ」など、年中行事に合わせた限定版も続々。お菓子売り場で「そういえば、もうすぐひな祭りだなぁ」と気づいたりして。なかでも最近激しいのが受験用。「キットカット（きっと勝つ）」「うカール」「キシリトール（きっちり通る）」「コアラのマーチ（コアラは寝てても木から落ちない）」など、ほとんどダジャレなのだが、結構受かる、いや受ける。

♡なんとなくハッピー

駅弁の小梅

売店をのぞき込んで「どの駅弁にしようかな」と迷うのも電車旅の楽しみ。どんなおかずが入っているのかチェックするのはもちろんだが、ご飯に小梅がついているかどうかも重要な要素だ。包み紙をほどき、ふたを開けると、白いご飯のまんなかに、ぽつんと置かれたまっ赤な小梅。これこそが正しい日本の駅弁の姿だと思う。

普通の梅干しではなく小梅なのがいい。ポリッと齧《かじ》ればシャキッとした歯ごたえで、あんなに小さいのに、一人前に酸っぱくて塩からくて立派なご飯のお供となるところがエライ。おかずの合間に小梅をちびちび齧りながらご飯を食べる――これが駅弁の食べ方の王道ではないだろうか。さらに、小梅を箸でつまみ上げると、小さなくぼみがほんのり赤く染まっているのがたまらない。うっすらと梅干しの香りと味がついたご飯は、ちょっとおまけ的な喜びがあり、なおかつ旅情と哀愁を誘う駅弁の最後にして最大の楽しみ。特に、旅の終わり、家路に着く電車のなかで夕陽を見ながらこれを食べると、じんわりと心にも染み入るのだ。

♥最近の駅弁は上品になって、ごま塩が振られたご飯が半俵型にきれいにかたどられているものが多く、小梅の出番が減っているのが残念。立ち食いそば屋さんなどで取り放題の小梅が置かれていたりすると、ご飯も注文してまんなかに小梅を置き、赤く染まった部分を食べることでウサを晴らしている

駅弁のなかには刻んだ小梅が入っているものもある。種が抜いてあって食べやすいがやっぱり小梅はまん丸がいい

乾パンの氷砂糖

「家に持って帰ってね。非常食なんですから。学校で開けちゃダメですよ！」。小学校の先生にそう言われると、ついつい開けてしまうのが子どもというものである。終業式の日などに配られると、すぐに開けて乾パンを食べて叱られている集団が廊下のあちらこちらにいた。缶詰に入ったパンだから「缶パン」だと思っていたが、食べてみると、乾燥させたパンだから「乾パン」なんだ！　そこにはなぜか氷砂糖が入っていて、子どものころにはその意味がわからなかったが、乾パンがとてもシンプルだから、途中で甘い氷砂糖をほおばると幸せな気分になれた。

実は、乾パンに氷砂糖が入っているのは、それを舐《な》めることによって唾液が出てきて、水のない環境でも乾パンが食べやすくなるからだそうだ。さらに、山で遭難した人がチョコレートだけで生きのびた例があるように、非常事態の際には、糖分が貴重なエネルギーとなる。乾パンの氷砂糖の甘さは懐かしい思い出を甦《よみがえ》らせるだけでなく、万が一のときにはエネルギーとともに、きっと生きる勇気を与えてくれると思う。

♥乾パンの歴史は古く、江戸時代から長州藩や薩摩藩では軍用乾パンの研究が進んでいたし、西南戦争の際、官軍がフランス軍から乾パンの援助を受けたらしい。いまの小型乾パンも1930年ころから軍用目的で開発されたもの。ちなみに、1缶(100g)で約400kcal、ご飯2膳分に相当するとか

缶入カンパン(100g)
価格：250円(税別)
問合せ：三立製菓株式会社
TEL：053-453-3111

おかきのコンブ

例えばマンガを読みながら袋に手を突っ込んでは「おかき」を食べているとする。二つ三つつかんでは口に放り込んでポリポリ。と、突然薄っぺらいものをつかむ。マンガから目を離さず、そのまま口に入れるとパリッとした歯ごたえで塩が利いた磯の香りが広がってうまい。おかきのなかに混ざっているカリカリコンブのありがたさがわかって、急に袋のなかのコンブを探し始めてしまう……。

といった具合に、コンブが入っているおかきはおいしく、楽しい。コンブに当たるとうれしいし、おかきを食べ続けたときに貴重な口直しになる。音楽の時間に「曲にアクセントをつけて演奏すると上手に聞こえますよ」と習ったスタッカートのように、コンブはおかきがさらにおいしくなるための重要なアクセント。だからこそ、一見なんの変哲もないコンブにありがたみを感じられる。でも、底のほうに隠れているから、袋から食べるときはマンガに夢中になっていると、最後にコンブばかり食べることになってしまうので、ご注意。なにごともバランスが大事なのだ。

♥おかきは餅を切って干してから焼いたり揚げたりしたもの。お米が原料だからご飯のおかずと相性がいいのだ。だから、醤油《しょうゆ》やノリ、ゴマ、ウニ、ワサビなどご飯のおかず的なものが副材料として使われる。もちろん、海のエキスがたっぷりのコンブもおかきにとても合う

コンブだけで「おつまみコンブ」として売られているが、おかきに紛れていないコンブでは魅力に欠ける

バナナのシール

「♪バナナのシールをはがしたら　おでこに貼ってバナナマン……」

　マニアックなネタで恐縮だが、嘉門達夫（現・タツオ）の『家族の食卓』という歌のなかにこんな歌詞があった。これを初めて聞いたときには思わず大きくうなずいてしまった。そう、バナナはデザートの王様だったし、みんな「ドール」や「チキータ」のシールを見つけるとはがしておでこに貼っていたものだ。

　そのころ、シールが貼ってあるバナナは太くて大きくて、外国の上等なフルーツというイメージがあった。家にそんな立派なバナナがあるとうれしくてシールがついているやつをまっ先に取っていた。給食にもときどきバナナが出たのだが、半分にカットしてあって、なんとなくしょぼい。でも、そんな給食バナナでも、ときにシールが貼ってあるものが混ざっていて激しい争奪戦が繰り広げられた。いまだから白状するけど、そんな醜い争いを見るのが嫌いだった僕は、給食当番という職権を利用して、まっ先に自分の皿に入れてしまっていた。みんな、ごめん！

♥いまは「プレミアム」とか「有機栽培」とか、ほとんどのバナナにシールが貼ってあったりしてありがたみが薄れたが、僕が子どものころは「ドール」「チキータ」が2大ブランド、というよりそれしか知らなかった。いまでもこのシールを見ると高価なバナナの印、と思ってしまう

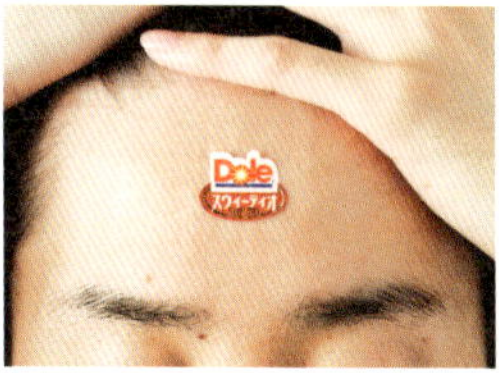

「ドール」シールをおでこに貼ってみたところ、なんだか無性に『家族の食卓』という歌が聞きたくなった

「パラソルチョコレート」の包み紙

「チョコボール」「チョコベビー」「麦チョコ」「タバコチョコ」「パラソルチョコレート」。僕が小学生のころ、遠足のおやつで人気のチョコレート菓子といえば、この五つだった。わが六年一組ではタバコチョコとパラソルチョコレートはちょっとした小道具としても人気だった。細長い棒状のチョコを紙で巻いたタバコチョコは、人差し指と中指で挟んで、フゥ〜と煙を吐くふりをするのがお約束。そして、傘の柄のようなプラスチックの棒が刺してある円錐形のパラソルチョコレートは、先が尖《とが》っているのでチャンバラで遊べたし、プラスチックの柄を輪ゴムに引っかけて飛ばしたり、女の子たちはつないでアクセサリーみたいにしていた。

しかし、なにより、パラソルチョコの真骨頂は包み紙をむくときにあった。円錐形の先が細く尖っているので、ビリビリと雑にむくと先っぽが折れて、包み紙にチョコが残ってしまうのだ。慎重に、そっと作業して先っぽまで完璧にキレイにむけたときのあの快感。誇らしげな顔で友達に見せびらかしていたのは僕だけではないだろう。

♥パラソルチョコレートは1954年に不二家が発売。現在はミルクチョコといちごチョコがあり、2種類ずつ合計4種類のパッケージデザインがある。「傘の柄」は昔のようにシンプルなデザインに戻り、傘らしくて僕は好きだ。ただ、包み紙をむく難易度は以前と変わらず高い

©FUJIYA

パラソルチョコレート
(ミルクチョコ、いちごチョコ)
価格：参考小売価格50円(税別)
問合せ：株式会社不二家
TEL：0120-047228(お客様サービス室)

だて巻きの端っこ

子どものころ、母親がおせちをつくっている台所でうろちょろして、だて巻きや紅白かまぼこの端っこを盗み食いするのが大晦日の楽しみだった。大人に合わせて自分まで忙しそうなふりをしつつ、そっと手でつまんでこっそり食べるだて巻きの端切れは特においしく、ちょっとしたスリルを伴う楽しさがあった。いまでも自分でだて巻きやかまぼこを切ると、周りをキョロキョロ見ながら素早く端っこをぱくりと食べてしまう。もう見つかっても誰にも怒られないとは思うのだが。

そういえば、僕は子どものころから、魚ならまんなかよりしっぽのほう、肉でも端っこの脂身のほうが好きだった。まんなかのほうがおいしいのにと、周りの大人によく言われたけど、どんな食べ物でも端っこには端っこのうまさがある。例えばだて巻きやだし巻き卵、ロールケーキの茶色い端っこは、甘さと香ばしさがぐっと詰まっていて、ちょっと得した気分になる。かまぼこの端っこもうまみが凝縮している。そんな気がするのは僕だけだろうか。

♥だて巻きは甘さと香ばしさがおいしさの決め手。特に端っこは香ばしさが強く、だて巻き好きにはたまらないお宝なのだ。「俺はまず端っこから食うね。だって、ここがいちばんうまいんだから」と、築地でだて巻きを売っていたおっちゃんもうれしそうな顔で言っていた。やはりツウは端っこからだ

“端っこお宝”は1本に2つしかない。そのため、ツウばかりの食卓では、まっ先に端っこ争奪戦が始まる

冷凍ミカン

電車でいく旅行が好きだ。いまは新幹線でビュッといってしまうから食事やおやつの心配はいらないが、かつてのゴトゴトゆっくり電車の旅は乗り込む前の準備が大切。駅の売店であれこれ買い込むひとときがまた楽しい。駅弁、お茶（ペットボトルじゃなくてティーバッグが入った容器にお湯を入れてもらうやつ）、ジュース、せんべい、そして冷凍ミカン。

かつて、駅の売店の冷凍庫には、四つか五つくらいのミカンがナイロン製の赤い網の袋に入って売られていた。カチカチに凍ったミカンは、日の当たる車窓に置いておくとゆっくり溶けていって食べごろになる。でも、そんなの待ちきれないから、電車に乗るとすぐに取り出してかたいシャーベット状のまま齧《かじ》ってしまう。歯に染みるくらい冷たくてそれがまたおいしかった。いまでも駅の売店で売っているのを見つけるとうれしくてつい買ってしまう。でも、新幹線は速くてすぐ目的地に着いてしまうから、やっぱり半分凍ったまま食べてしまう。

冷凍ミカンはたまに給食でも出た。前の席の人のほっぺたにくっつけてびっくりさせるやつが必ずいた。暑い夏の日に食べる冷凍ミカンはとってもおいしくて、食べるたびに、旦那が夏に千両で買ったミカンのうち3房を持って番頭が夜逃げしたという落語「千両みかん」を思い出す

むかん
価格：300円(2個入り、税別)、
　　　500円(3個入り、税別)
問合せ：南松商店
TEL：072-751-8998

お中元の「『カルピス』フルーツ」

お中元の定番といえば昔もいまも「カルピス」かビール。子どもにとってビールは興味の対象外だが、「カルピス」は夏に欠かせない日常の飲みもの。夏休みに汗だくになって家に帰って、まず氷をたっぷり入れて飲むのがなによりの楽しみだった。だから、お中元で「カルピス」をもらうと本当にうれしかった。

特に「『カルピス』の詰め合わせ」が贈られてくると、さらにワクワクした。オレンジやグレープなど「『カルピス』フルーツ」が入っていたから。定番の白い「カルピス」でも十分おいしいのに、そこにフルーツ味が加わっているなんて最強だ！　体験したことのないちょっと甘酸っぱい贅沢《ぜいたく》な味だったし、そのころはなんでもオレンジ味やグレープ味バージョンを出すのが流行《はや》っていて、子どもはそれにすっかりハマった。

もったいないから、白い「カルピス」から飲むことにして「『カルピス』フルーツ」はとっておく。大切にとっておいたまま、飲まずに賞味期限が切れてしまったこともある。いま思い出してもすごくもったいない……。

♥「カルピス」のフルーツフレーバーは1958年のオレンジが最初。その後、パイン、イチゴ、モモ、マンゴーなど新しい味が毎年のように登場している。なお、最新のギフトセットからオレンジは外れていて、今は白桃やパイン、巨峰がラインナップされている

「カルピス」ギフト
価格：3000円(税別)
問合せ：アサヒ飲料株式会社
TEL：0120-328-124

お歳暮のカニ缶

お中元の定番が「カルピス」ならば、お歳暮の定番はカニ缶。わが家はそれほどお歳暮をもらうことはなかったが、それでもたまにカニ缶が届くことがあった。そのたびに「あら、カニ缶だわ!」と母親がうれしそうな声を出すので、僕も「カニ缶だー!」とわけもなく喜んでいた。そのころはカニ缶が高価なものだとは知らなかったけど、とにかく届くだけで幸せなものとして擦り込まれた。

しかし、高価なカニ缶は棚の奥にしまわれ、「フルーツカルピス」のように大切にしすぎてそのまま忘れられてしまうことが多かったような気がする。だって、普段の食卓にカニが出たことはめったになかったから。それでも、たまにカニ缶を開けることがあった。酒を飲んでごきげんになった父が「そういえば、鈴木さんにもらったカニ缶があったろう」と言ったときや、急なお客さんのときに母が「そういえばカニ缶があったわね」とカニサラダをつくったりするときだ。そんなとき、父も母もうれしそうな顔になっていたから、やっぱりカニ缶は幸せを運んでくれると思う。

♥缶を開けるとカニが白い紙に包まれている(あの紙は缶が酸化してカニが変色するのを防ぐため)。高いカニ缶は全部脚が入っていて、安いカニ缶は表面だけ脚で下にフレーク上の身が詰まっているが、安いほうが脚の希少価値が高く、ゲットできたときの喜びが大きかったりする

あけぼのかに缶詰セット
価格：5000円(税別)
問合せ：マルハニチロ株式会社
TEL：0120-040826

ご飯のおこげ

炊きたての白いご飯は最高の贅沢《ぜいたく》。お米が立っている状態のふっくらとしたご飯をほおばるのはとっても幸せ。すると、底のほうに茶色の焦げ目が。「あ、おこげがあった。ラッキー」。ご飯の「おこげ」はなんとなく茶柱的なラッキー感があるし、香ばしくておいしい。家の炊飯器で炊くとできないが、お釜や土鍋で炊いている店でご飯を食べたりすると、たまにおこげが入っていてうれしい。

割烹《かっぽう》などでは土鍋で炊いてわざとおこげをつくって食べさせてくれる。韓国料理の石焼きビビンバは強制的に鍋にご飯を押しつけていかに上手におこげをつくるかが勝負だ。中国料理にはご飯を乾燥させてから揚げて野菜入りの餡《あん》をかける、その名も「おこげ」という料理がある。みんなご飯のおこげが大好きなのだ。

でも、やっぱり白いご飯のなかにちょっぴり入っているおこげがいい。白のなかのこげ茶色は食欲をそそるし、お茶碗のなかでおこげを見つけたときの喜びも大きい。日本人に生まれてよかった、と思う瞬間だ。

♥土鍋で炊いたご飯のおこげは最高。ちょっと塩をかけただけでもおいしいし、おこげを混ぜたおにぎりもうまい。「こげ」だと苦くてまずくて体に悪そうな感じだけど、「おこげ」という言葉はとっても上品でほのかな香りをイメージさせてくれる。「お」がついただけでおいしくなってしまうのだ

土鍋でご飯を炊くのは結構簡単。多くのWebサイトで炊き方が紹介されているので、ぜひ試してみてほしい

ゆで卵の殻がペラッとむけた

皿の上にゆで卵とひとつまみの塩。これだけのシンプルな〝料理〟なのに、給食にゆで卵が出たときの食べ方はみんなばらばらだった。なにもつけずに一口で食べる武田君、まず白身だけ食べて、最後にボールのような黄身に塩をたっぷりつけて食べる尾崎君、半分齧《かじ》ってからマーガリンを塗って食べる菅谷君……。

さらに殻の割り方も千差万別だった。おでこにぶつけて殻を割るやつがクラスに絶対一人はいたし、先割れスプーンでコツコツと丁寧にまわりに割れ目を入れ、上半分を几帳面にむいていくやつもいた。不器用なやつはいつも殻と一緒に白身がぼろぼろむけてしまい、食べるところが少なくなっていた。いちばん評価が高かったのは上半分の殻をそのまま割れないようにはずしてカリメロ状にした作品。ちょうど『カリメロ』の放送が始まったころだった。これが見事にできると給食班のヒーローになれた。いまでも、ゆで卵があるとカリメロに挑戦するのだが、結構難しい。たまにきれいにむけると武田君たちに見せびらかしたくなる。

♥「カリメロむき」はいまでも挑戦するが、なかなかできない。コツはしっかりゆでて十分水で冷やし、慌てず騒がず落ち着いて。ちなみに『カリメロ』は1974年から放送。イタリアのテレビコマーシャルのキャラだったが、短編アニメ化され、さらに日本でアニメ作品としてつくり直したもの

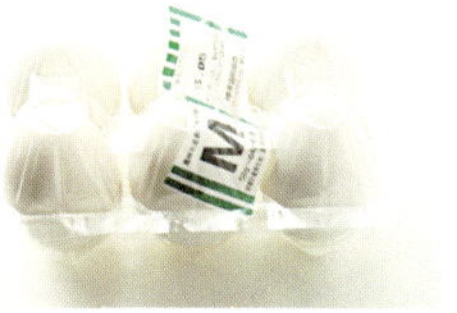

殻のむきやすさは鮮度も関係しているらしい。新鮮な卵ほど、卵白や薄皮と殻が密着してしまい、むきにくい

「アップルリング」のリンゴ

学校から帰って、お腹がすいているけど、夕食まではまだ時間がある。そんなときに甘いパンがあるとうれしかった。例えば、「アップルリング」。いまでも人気の超ロングセラーのこのおやつパンは軽くて、ほんのり甘くて、しかもなかに甘く煮たリンゴが散りばめられていて満足感がほどよいのだ。

しかし、結構サイズが大きいので、とりあえず半分とか、四分の一だけとか、部分的に食べようとするときが問題。その部分にリンゴがたっぷり入っているとラッキー。逆に少しだけ食べようと思っていても、もっとリンゴがたくさん入っていそうな別のところを食べ進むうちに結局全部食べてしまう。

自分だけで食べるならいいのだが、一つのアップルリングを友達と分け合って食べるときはリンゴがたくさん見えているほうを取り合ってケンカになりかねない。でも、アップルリングは、みんなで食べられる大きなお菓子パンなのだから、仲良く分けたいものだ。

♥心理学者の多湖輝先生の大ベストセラー『頭の体操』に、二人でアップルリングを分け合って食べる場合に、ケンカにならない方法が載っていた（本に載っていたのはケーキを分ける方法だったと思う）。話は簡単、一人がアップルリングを分け、もう一人が選ぶ。これで文句言いっこなし

アップルリング
価格：オープン価格
問合せ：第一屋製パン株式会社
TEL：0120-880135

「サッポロポテト」の太いやつ

「サッポロポテト」をなにげなく食べていると、たまにとても太いやつが入っていることがある。どういう理由で太いのかはわからないが、とにかく「おおっ！」と思わず叫んでしまうような立派なサッポロポテト。おみくじで大吉を引いたときのような、レストランで同じハンバーグを頼んだら隣の客より自分のほうが大きかったときのような、小ジョッキを頼んだのに店の人が間違えて大ジョッキを持ってきたときのような……とにかく、ちょっとラッキーだ。

同じように、マクドナルドなどのファストフード店やファミレスのフライドポテト、あるいはポテトチップスなどポテト製品にはときどきとても太い（長い）ものが紛れ込んでいることがある。大きさが不ぞろいのジャガイモを使っているからだろうが、〝当たり〟が入っているのはうれしい。

ちなみに、僕は太いのも好きだが、ジャガイモの端っこを使った小さくてカリッとしたところも好きだ。大きくても小さくても、当たりと思えるのはちょっと幸せ!?

♥太いサッポロポテトを見つけると人に見せびらかしたくなる。その揚げ句、友達と「どっちのサッポロポテトが大きいか」を競うために、二人で袋から取り出してティッシュの上に全部並べたこともある。いちばん大きいのを比べたのだが、結局「自分のほうが大きい」と譲らず引き分けであった

サッポロポテト つぶつぶベジタブル
価格：オ--プン価格
問合せ：カルビー株式会社
TEL：0120-55-8570（お客様相談室）

みぞれの氷のかたまり

いまはアイスクリームやシャーベットが夏の定番デザートだが、子どものころは夏といえば、かき氷、棒アイス、そして「みぞれ（しぐれ）」が定番だった。みぞれは、かき氷を透明なプラスチックカップに詰め込んだ実にシンプルなものだが、カチカチに凍っていて、シャリシャリのかき氷とはまったく違う味わい。

近所の駄菓子屋さんにいくと棒アイスが入った冷凍ケースの端っこにみぞれが置いてあった。カチカチになった氷をアイス用の木のスプーンで食べるのは結構大変で、なかなか削れないし、かといって力を入れすぎるとスプーンが折れてしまう。なんとか掘り進んでいくと、ときどき小豆くらいの大きさの氷のかたまりにぶつかった。

かき氷のかき残り（？）だろうが、これを見つけるのがみぞれの楽しみの一つ。いまでも金鉱で金を掘り当てるかのように木のスプーンでザクザク掘る。掘り当てると丁寧にかたまりだけ取り出し、ガリッと齧《かじ》るのが快感。あっという間に溶けてなくなってしまう、はかない宝物なのだ。

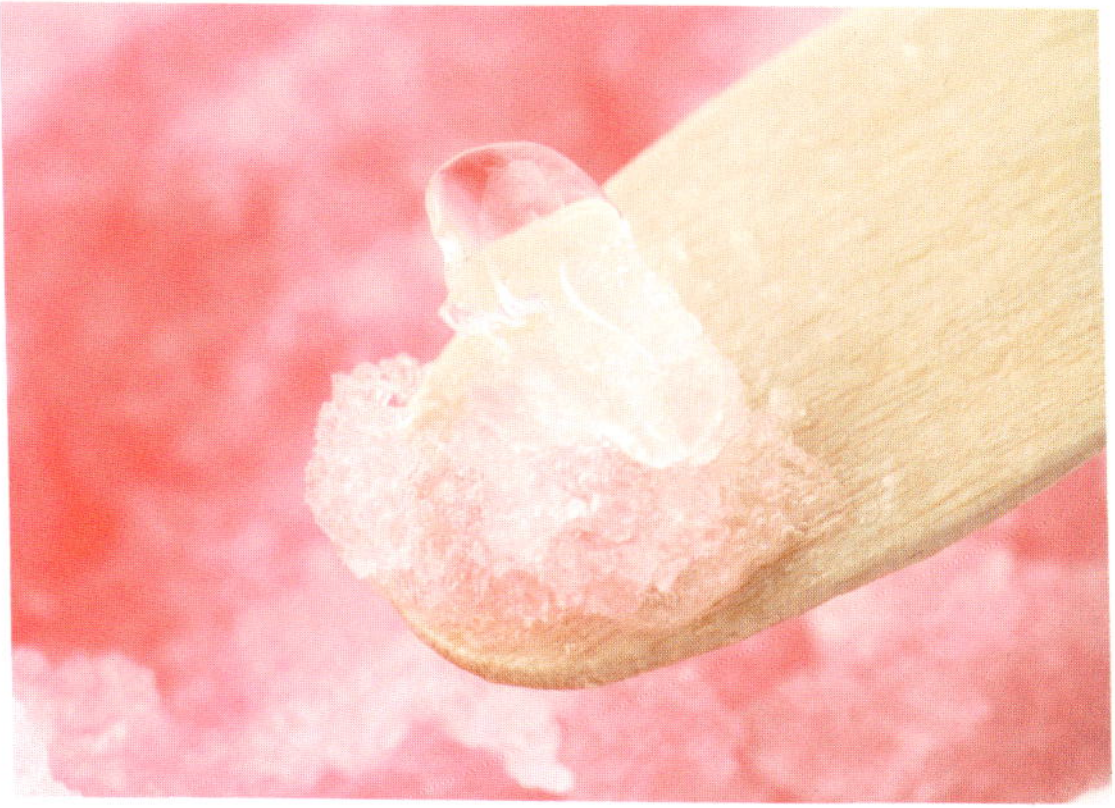

♥「みぞれ」「しぐれ」はメロンやミルク（練乳）、宇治金時などいろいろな種類があるが、やはり白（しろ）かいちごにとどめを刺す。シンプルなシロップだけの白は“通”っぽいし、いちごは氷のかたまりを見つけやすいし、赤いなかでキラキラ輝く“宝物”に出会ったときの感激も大きい

赤城しぐれ（160ml）
価格：100円（税別）
問合せ：赤城乳業株式会社
TEL：0120-571-591

おでんのコンブの結び目

寒い冬に、無性に食べたくなるのがおでん。鍋をのぞけば、大根や卵、コンニャク、はんぺんといった〝ダシ吸い込み系〟が幅をきかせている（ように見える）。さらに牛すじや餅巾着、ウインナー巻きなど〝ガッツリ系〟が脇を固めている（ことが多い）。そんななか、ついつい目で探してしまうのが〝単独地味系〟のコンブ。おでんのコンブはだいたい結んであり、この「結び目」が私は好きだ。

一人で食べるときは、左右の平らな部分を先に囓《かじ》る。サクッとした歯触りで、これはこれでおいしい。皿の上には結び目だけが残り、ちょっと人には見せられないけど。きゅっと固く縛られた結び目を口のなかに放り込む。コリッとした食感は、まるで別のたべもののよう。内包されたダシ汁が思いのほか多く、口のなかでジュワッとあふれる。しみじみおいしい幸福感と、行儀の悪い食べ方をした背徳感に、しばし包まれる……。

コンブは自らのダシをスープに放ち、ほかの具材をおいしくさせる。そのうまみエキスは再び自分へと戻り、結び目で吸収する。コンブのような人間に、私もなりたい。

♥おでんの好きな具の話は妙に盛り上がる。たいていは大根と卵が１位２位を争い、コンニャク、はんぺん、しらたき、がんもどきなど人気ものたちが出そろうが、コンブを挙げる人はまずいない。“自分だけが良さを知っている”マイナー志向の優越感、それがコンブファンの醍醐味でもある

最近は夏でもおでんを売るコンビニが増えたけど、「冷房で冷えるから温かいものを食べたい」と、意外と人気らしい

エビフライのしっぽ

エビフライは悩ましいたべものだ。なぜなら、「しっぽを食べるか問題」が常につきまとうから。「しっぽ」には第一段階と第二段階があり、その間には高い壁がある。

第一段階は、しっぽの〝カラに入った細い身〟の部分で、私は子どものころから当然のごとく食べてきた。エビフライといえばごちそうだ。たいてい皿の上に二本（ときには一本）しかない。しっぽの手前まで食べて「まだカラに身が残ってる！」というおまけ感は幸せなものだ。人と一緒に食事をしてても、食べたことがバレにくい（バレてもいいんだけどさ）。第二段階は、しっぽの〝カラ丸ごと〟で、これはかなり難易度が高い。いい店に行くと、きちんと下処理されカリッとしてて、見るからにおいしいそう！（しっぽが）。しかし、同席者がいる場合、親しい間柄でなければ泣く泣く残す。皿の上に取り残されたしっぽはもの悲しく、私はそっと目をそらす……。

同じような問題に「しじみ汁のしじみは食べるか」問題があり、エビのしっぽを食べる人は、しじみも食べる気がする。しかし同席者がいる場合（以下リピート）……。

♥一緒にエビフライを食べていて、カラのなかの身を残す人は結構多い。そんなとき、「なんて育ちのよい人なんだ！」と、感心してしまう。そういえば、とある番組で、近畿・東海地方ではしっぽを食べる割合が高いとやっていたっけ。結局は地域差なのか？　どなたか有識者に聞きたいものです

エビフライにかけるのは、絶対タルタルソース！　ソース派、醤《しょう》油《ゆ》派、塩&レモンなど、この問題もまた奥が深い

コーンスープのクルトン

レストランでコーンスープを頼んで、クルトンが浮かんでいるとうれしい。浮かんでないとさみしい。さみしくても大人だから、「ヤダヤダ〜」なんて駄々をこねたりはしない。クルトン入りのコーンスープは、清く正しい〝日本の洋食〟のイメージ。子ども時代の幸せな外食風景を思い起こさせるから、余計うれしいのかもしれない。

ほんのり甘くてクリーミーなコーンスープに、香ばしいクルトンはよく合う。スパイシーなカレーの合間に甘じょっぱい福神漬けをポリポリするように、コーンスープを飲みながらクルトンをカリカリしたいと思う。これは箸休め的であると同時に、味と食感がアクセントになった素晴らしい組み合わせだ。クルトンは、スープに浸っていてもふやけることはなく、カリカリのままでいてくれてるのもよい。だからもしコーンスープに、ただのちぎったパンが浮かんでいても全然うれしくない。時間がたってビタビタのふやふやになったとしたら、もう目も当てられない。そしたら今度こそ「ヤダヤダ〜」と暴れてしまっても、いいんじゃないかなぁ。

♥中世のヨーロッパあたりで、堅くなったパンをスープに浸して食べたのがクルトンの始まりらしい。コンソメスープに浮かんでいることもあるが、やっぱりコーンスープが一番。理想は平皿に入ったスープのまんなかに、小粒のクルトンが少々。それだけで高級な気がしてうれしくなってしまう

クルトンは単体でも販売しているので、家でコーンスープを飲むときは惜しみなく浮かべて楽しみたい

「ソフトクリーム」のコーン

観光地に行くと、無性に食べたくなるのがソフトクリーム。コーンかカップか選べる店が多いが、私は断然コーン派！　クリーミーなソフトとサクサクのコーンの組み合わせは、とてもおいしい。コーンの中までソフトが詰まっていると幸せだが、たいていは上のほうまでしか入っていない。だが、これを人工的に作り出す方法がある！

まずは手にソフトクリームを持ってください。いきなり舐《な》め回すのは失礼なので、てっぺんの角はパクッと齧《かじ》るのがよいですね。ここからが秘伝ですが、とっても簡単。ソフトクリームを舐めながら、舌でさりげなくコーンの空洞部分に押し入れてあげるだけ。この〝押し舐め〟をしてコーンのフチまでたどり着いたら、あとは存分にソフト×コーンのマリアージュを堪能しましょう。押しつけすぎると、コーンの下から汁がポタポタと漏れてしまうので注意。私くらいの熟練者になると、漏らさず先端まで詰まった〝完璧なソフト（自称）〟を作り上げられます。本書の〝ちょっと幸せ〟はほとんどが偶然によるものですが、今回は自分で会得する幸せの紹介でした。

♥この“押し舐め”には、大きな問題点がある。ご承知の通り、食べている姿も、食べている途中のソフトも美しくないということ。だから、初めてのデートでソフトクリームを食べるときには、この技は封印したほうがよい。一つのソフトを分け合えるような仲になったら、ぜひ再開してください

ソフトクリームの先っぽを食べるときも、ちょっと幸せを感じられる。先端がツンととんがっているほど“活きが良く”おいしそうに思えるんだよね

「朝食ビュッフェ」のカレー

普段は朝ご飯を食べない人も、妙にはりきってしまうのが、旅先のホテルや旅館での朝食。それが「朝食ビュッフェ」なら、なおさらだろう。たいてい、和食と洋食の両方が用意されている。和食は、ご飯、味噌汁、温泉卵、焼き魚、惣菜、漬け物のフルメンバーがずらり。洋食は、パン、オムレツ、サラダといった少数精鋭だ。そんななかで、どちらにも属さないが、かなりの確率で置いてあるのが「カレー」だ。見つけるとテンションが上がり、うれしくなってしまうのは、私だけではないはず！

朝食ビュッフェのカレーは、万人受けするマイルドな味の場合が多く、スパイスの効いた本格派ではない。でも、〝朝ご飯にカレーを食べる〟という行為自体が、なんだか幸せ。だからといって、最初からがっつりカレーでお腹をいっぱいにしたくないし、味が濃いから他の料理と一緒に食べることも避けたい。そこでおすすめしたいのが、食事の最後にお茶碗半量ほどのミニカレー丼を作ること。満腹でも食べられてしまう〝シメカレー〟は、朝食ビュッフェ界の〝別腹〟と言っていいかもしれない!?

♥イチローが選手時代に朝食べていたことで一時期ブームになった「朝カレー」。カレーのスパイスが脳を活性化させ、目覚まし効果があるといわれている。家で朝からカレーを食べることに抵抗がある人も、旅先だといそいそとよそってしまうのは、非日常の高揚感のなせる技かも？

多数の料理が並ぶビュッフェだからこそ、カレーの楽しみ方は無限！　カレーそばやカレーうどんにしたり、惣菜にかけたり、アレンジしてみよう

索　引

あ

か

取材にご協力いただきました各企業・店舗様に心より感謝いたします。

赤城乳業
赤坂飯店
アサヒ飲料
泉屋東京店
江崎グリコ
おやつカンパニー
カクダイ製菓
カバヤ食品
亀田製菓
カルビー
カンロ
崎陽軒
ギンビス
サクマ製菓
サッポロビール
さぼうる

サンヨー製菓
三立製菓
第一屋製パン
千葉県立中央博物館(写真提供・奥野淳兒)
長寿庵
東ハト
ドール
日本橋三越本店（ランドマーク）
日本レストランエンタプライズ
ハーゲンダッツ ジャパン
はりま製麺
兵庫県手延素麺協同組合
不二家
不二家飯田橋神楽坂店
ブリッジ
マルハニチロ

丸美屋食品工業
南松商店
明治
森永製菓
森永乳業
山崎製パン
雪印メグミルク
ユック
UHA味覚糖
ローソン
ロッテ

(50音順)

ちょっと幸せ
私だけ？の“小さなハッピー”探し　～たべもの編 改訂版～
大空ポケット文庫
2007年7月20日　初版第一刷発行
2007年8月1日　第二刷発行
2019年9月20日　改訂版第一刷発行
著　者　ちょっと幸せ探し委員会
発行者　加藤玄一
発行所　株式会社 大空出版
東京都千代田区神田神保町3-10-2 共立ビル8階　〒101-0051
電話番号　03-3221-0977
ホームページ　http://www.ozorabunko.jp
※ご注文・お問い合わせは、上記までご連絡ください。
編集……大竹修平
写真撮影……長谷川 朗
デザイン……磯崎 優　大類百世
校正……齋藤和彦
印刷・製本……シナノ印刷株式会社
写真提供……ピクスタ　iStock.com
乱丁・落丁本の場合は小社までご送付下さい。送料小社負担でお取り替えいたします。

ISBN978-4-903175-90-4　C0177